重案辑录

正午之魔

梵闻三千（Moriarty K）◎著

Moriarty K

U0903447

中国法制出版社
CHINA LEGAL PUBLISHING HOUSE

前言

PREFACE

从我第一次在知乎上进行内容创作到这篇前言的撰写，数一数已经将近五年了，这是一个不断积累的过程，更是一个自我成长的过程。从我创作第一篇文章开始，我内心就抱定了一种想法——我想找到那些和我“有着诸多类似想法”的读者，就算没有，那让更多的人由衷地觉得“好像确实如此”，也同样有意义。

我真正的想法，说起来非常简单——带领大家去认识那些深藏在平凡中的罪性起源。面对一个个血淋淋的刑事案件，普通群众最常见的反应往往会经历这样一个过程，即“好奇—了解—唾弃（对凶手的谩骂）”。比如，一个性侵类案件上了热搜，受害人是一个小女孩，那么评论区就会成为诅咒凶手的海洋。

我完全理解这类人的反应，我和很多人一样，从小就对这类事件异常感兴趣，但我更愿意去思考“这个凶手为什么要这么干”的问题，于是演化出了“人为什么会选择犯罪”这个犯罪学界的标杆问题。这个问题也困扰了我很长一段时间，这也是我学习犯罪心理学的重要原因。

据我观察，在“犯罪心理”和“犯罪行为”这两个概念中，人们往往过于关注后者，有时候如果有人煞费苦心地分析一番犯罪人的想法乃至经历，甚至会被路人扣上一顶名为“给犯罪人洗白”的帽子，孰不知那些“犯罪人背后的故事”对犯罪心理学的研究而言是重要的资源。对这些故事进行挖掘和研究的过程，一般被我们称为“（对犯罪人进行的）经历研究”。

美国联邦调查局（FBI）行为分析部前任主管、犯罪心理学实际应用领域大名鼎鼎的约翰 · 道格拉斯曾经在谈到关于犯罪心理学研究目的的时候是这样说的：“凶手每次开始自己的犯罪活动时，都会有着他独特的喜好和技巧……我们必须清楚他的犯罪逻辑，能够过一遍他的程序，思考他犯罪的方式、他打算采取的下一个步骤。总之，他在玩一种游戏，我们必须能够像他一样认真地玩这个游戏，并在他前往犯罪的道路上堵住他。”

“在他前往犯罪的道路上堵住他”，就是对犯罪心理学的实际应用——“犯罪的预防和干预”最为直白的描述。那么，为了达到这个目的，我们能做什么呢？犯罪心理学的研究到底应该怎么进行？

首先必须承认，犯罪心理学的研究相对来说是比较困难的。这种困难主要来自两个方面：第一，犯罪心理具有隐蔽性，容易被犯罪人所隐藏，所以对犯罪心理的研究一般都是以间接的方法进行，如查资料、做调查等。第二，犯罪心理学天生就不存在实验一说，具有“难以实验或不可实验”的特点，你不可能通过重复犯罪人的完整犯罪过程去获取结论，哪怕是模拟也常常会面临伦理之类的困难。

比如，在研究一起杀人碎尸案的时候，我们不可能完整地重复这个犯罪过程，那就只能以犯罪人的口述以及其他证据材料作为研究的依据，这使研究者和犯罪人构成了一个心理学上“主试和被试”的关系，但是以犯罪人为主体的被试和心理学研究的被试群体完全是天壤之别——犯罪人的不配合是常态，撒谎更是常态。

说白了，在犯罪心理学的研究中，被试对主试在很多时候是存在着明显抵触情绪的，如此一来要获取有效、可靠的研究材料就更是难上加难了。

在这样的情况下，对于“犯罪人背后的故事”进行研究就成了性价比相对高得多的做法——因为这样的研究是基于其生活环境、经历进行的，是可以有办法进行客观查证的。

“经历”研究的重要性在犯罪行为的发生机制研究中非常重要，以“S–R”法则（即“刺激–反应”法则）为例：这一理论的核心在于“情景/场景是行为的原因”，也告诉了我们不良的刺激经历，如风气不良的成长环境、挫折情景等会给个体带来不良的信息输入，引起个体犯罪心理的剧变，进而外化为行为上的恶变。

由此可见，如果不对犯罪人的经历进行研究，那么就无法了解到其犯罪行为背后的环境刺激因素，非但不能理解其犯罪行为深层次的犯罪心理，也难以对其进行犯罪矫治。

除此以外，对犯罪人的经历研究，也可以为犯罪心理学这门建立在统计概率基础上的学科有所贡献。比如，关于同性恋童癖犯罪人四种动机产生原因的或然性归纳：

——童年时期曾被男性猥亵或鸡奸，成年后带着报复或寻求快感的心理，成为恋童癖者；

——社会压力大，所处环境复杂，对成年人尔虞我诈的人际关系感到厌恶恐惧，进而想寻求简单安全的交往，把兴趣转化到天真无邪的孩子身上；

——由于社会地位低下，家庭关系不和谐，反复遭受女性侮辱，这种人要么对成年女性愤恨至极，要么厌恶无比，从而把兴趣转到男性身上，但由于很难找到同伴，进而以男童代替；

——本就为同性恋，单纯因为无合适的性伴侣便以男童替代。

那么，这些结论是怎么得出的呢？当然是以那些同性恋童癖犯罪者的大量经历统计为基础得出的。

因此，从犯罪心理学研究的角度来看，以“罪犯背后的故事”为主的经历研究是必不可少的一项内容，意义不仅局限在它可以帮助我们了解犯罪人的犯罪行为，也可以让我们了解“具有和他类似经历的人会想什么，容易干什么样的事”，进而为犯罪的预防、矫治提供帮助，真正做到“在他前往犯罪的道路上堵住他”。

基于这些，本书收录了大量真实的案例，基本的阐述模式为“案件本身的详细记录”+“犯罪人经历”+“犯罪人的心理剖析”。

在我进行内容创作的过程中，有一些人推荐我将案件尽可能地“故事化”“小说化”，这可以使得内容更具有可读性，更能够达到吸引眼球的目的，但这无疑背离了我的初衷。现在的文字创作领域，乃至影视创作领域，通过单纯简单的血腥暴力描述，谋求观众猎奇心满足感的做法已经太多了，而我的目的则在于探查凶手行为背后那些真正不为人知的角落，以相对理论化、逻辑化的模式去理清凶手的行为模式。

每一个刑事案件都会给当事人的心理乃至社会带来伤害，面对这类案件，如果我们能够真正尝试着去了解更多，思考更多，就能站在根源性的角度提前发现一些类似于让罪恶的种子发芽的土壤，这对于犯罪的矫治、预防都是有莫大好处的。再者，通过阅读本书，你会对那些穷凶极恶的凶手有一个全面的认知，这也有利于你在生活中认清并远离那些戴着好人面具的潜在犯罪人，在面对危险的时候尽量保持镇定自若。

目录 CONTENTS

第一章　童年阴影诱发暴力犯罪

第二章　女杀手的犯罪动机

第三章　让人不寒而栗的犯罪动机

第一章

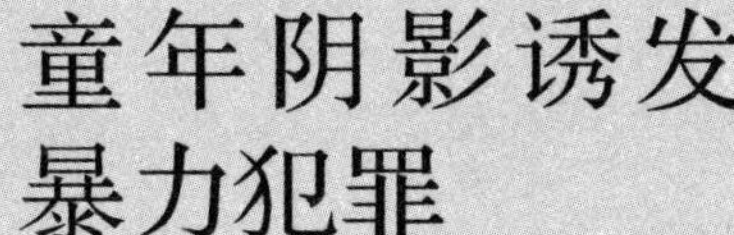

童年阴影诱发暴力犯罪

1

童年的畸形性觉醒——俄勒冈州连环杀人案

德新社在一篇有关心理治疗的科普类文章里提到，20世纪四五十年代的欧洲出现过很多“面具取向者”，用来代指那些在性交时很喜欢戴面具、穿白色橡胶服的怪人。而对这类人群进行深入调查后，心理学家发现这是一种由恐惧经历发展而来的性反常行为，这个群体多数在“二战”时期的英国和法国生活过，小时候目睹或经历过残酷而恐怖的战争，从而形成了这种反常的性嗜好。

所谓反常，其实是指不符合个体发展、文化和社会的常模，引起情绪上的痛苦，很多人都会有。但是当反常的嗜好严重影响个人的生活或威胁到他人时，就可能产生犯罪行为。特别是一些和性或杀戮有关的畸形需求。

其实很多连环杀手都有不同种类的性欲倒错障碍，本节要介绍的是一个恋物癖型连环杀手——杰瑞 · 布鲁多斯。

一、罪案全貌概述

1. 案件基本情况一览

犯罪人：杰瑞 · 布鲁多斯（1939年1月31日至2006年3月28日）。

作案时间：1968年1月26日至1969年4月17日。

作案地点：波特兰市（1起）、塞勒姆市（3起）。

被害人数：共4人（2008年最新卷录记载）。

杀人手法：勒杀。

2. 犯罪人生平以及犯罪过程详写

（1）隐藏的嗜好

1939年1月31日，杰瑞出生在俄勒冈州的奥斯威戈湖市，家里有一个哥哥内森 · 布鲁多斯，他的母亲奥黛丽有个很有钱的父亲，是个富家千金，而其父萨洛尔 · 布鲁多斯却是个穷小子，只是个临时工。这样一来，奥黛丽很自然地养成了在家里专横跋扈的态度。生下杰瑞对她来说是不满意的，她本想要一个女儿。正因为这样，她实在不怎么喜欢这个儿子。

童年是杰瑞异常性嗜好开始萌芽的阶段。据杰瑞所言，他在8岁的时候，在住宅附近捡到了一双黑色高跟鞋，他对其充满了兴趣。他兴致勃勃地把高跟鞋带回家穿上给母亲看，但奥黛丽先是大吃一惊，然后痛骂了他一顿，说他是变态、神经病。母亲的反应让8岁的杰瑞很疑惑，但他明显感到自己内心产生的刺激和兴奋。

杰瑞没有按照母亲的要求把高跟鞋扔掉，他把高跟鞋藏在自己的床底，结果在一次大扫除时被母亲发现了。这次奥黛丽愤怒地把这双高跟鞋烧了，并且训斥了杰瑞很长时间，还扣了他两个星期的零花钱。这次经历给杰瑞留下了难以磨灭的心理印记，也是他恋物嗜好的开端。一方面，在母亲强势的认知影响下，高跟鞋象征着禁忌，甚至罪恶；另一方面，它又会带来一种难以言表的、神秘的兴奋。

在学校，性格内向腼腆的杰瑞没有什么朋友，肥胖的体形让他有些自卑，他从不主动和别人说话交流。在学习成绩方面，他理科类学习成绩较好，文科类成绩则一塌糊涂。最糟糕的是，他的哥哥内森·布鲁多斯竟然和他有一样的癖好，臭味相投的两个人聚在了一个家庭。

上初中后，内森经常带着杰瑞偷偷到邻居家里偷一些女性内衣、高跟鞋、丝袜之类的东西。在还未进入青春期时就面对这种冲动，杰瑞根本不知道如何调整自己，这样一来，他产生了十足的沮丧感，并将其转换到潜意识中，就像埋下了一颗定时炸弹。只要有足够的时间，它就会和性结合到一起，进而引爆罪恶。笔者习惯把这种不正常的性觉醒称为“畸形性觉醒”。一个性欲倒错障碍个体，就这样产生了。

1955年，杰瑞16岁，内森20岁，两人偷偷收集了整整一大箱色情图片。一天下午，当两人正在房间看这些图片时，母亲走进了房间，狡猾的内森马上把所有责任推卸给弟弟，称所有图片都是弟弟找来的。愤怒且本就偏向哥哥的奥黛丽饶过了装可怜的内森，打了杰瑞几巴掌，还大骂了他一顿。这一次，杰瑞感受到的除了那种触碰与性有关的禁忌带来的刺激外，还有一些被人背叛的挫败感。

1956年，无所事事的内森参了军，并在后来的战争中为国捐躯，而杰瑞则继续着学业。在17岁这年，杰瑞的疯狂开始了。2月的一天，杰瑞以聚会为由将女同学艾希莉引诱到家中，然后拿着刀逼她脱衣服，并给她拍了裸照。

但是和很多性犯罪的被害人一样，艾希莉事后没有选择报警。

（2）第一次失手

夏天的一个夜晚，杰瑞偷偷溜进一户人家偷内衣，被男主人当场抓住。他把杰瑞送到了警局，因为杰瑞还是未成年人，警方联系俄勒冈青少年心理理疗机构为其做了心理评估，医生认为杰瑞患有抑郁症，还有“不正常的性认知”。在接受短暂的治疗后，杰瑞回到了家中。

美国为犯罪人心理疏导设置了不少心理机构，这本来是非常先进的理念，但问题出在很多有心理问题的犯人，特别是诊断结果如果支持其短期不会有暴力、自杀等倾向，那么他们就很快会被以一种敷衍的态度结束治疗，而不考虑很多精神疾病会随着时间发展的问题。

（3）性幻想开始构筑

本就具有不正常性觉醒的杰瑞，进入青春期后内心很渴望和女性交往，但自身形象实在糟糕，不但肥胖、多病，而且说话有点结巴。为了满足这种内心的冲动，杰瑞开始进行带有暴力色彩的性幻想，他会在学校操场边的小山坡上挖洞，幻想自己将女性关在山洞里。杰瑞对这种幻想乐此不疲。

之后，仅1957年一年，杰瑞就因入室盗窃三次被移送警局。因为在青少年拘留所待的时间太长，杰瑞的学业受到了很大的影响，学校通知他留级。最后在1959年，杰瑞退学了，他没有拿到高中毕业证，也没有哪个高中同学记得他的存在。

杰瑞想要像哥哥一样参军，可惜等来的却是坏消息："因为体重过高，可能有精神疾病，有犯罪记录，军方拒绝入役申请。"

或许是挫败让杰瑞更加沉迷于性幻想和性犯罪。他会跟踪那些合自己胃口（特别是鞋比较漂亮）的女性，找机会把她们打晕，再将鞋拿走。他继续偷女性衣物，将其藏在房间衣柜后面的暗箱里。另外，杰瑞还喜欢自己穿这些东西。他会趁父母不在家时换上全套的女性服装，还多次有"走出去试试"的冲动。我们可以理解为：杰瑞 · 布鲁多斯的性欲倒错程度在不断升级，而且种类在逐渐丰富。

当然，他也不是成天干这些龌龊事。因为数理基础较好，通过两年的自学，杰瑞通过考试获得了一个通信技术认可资格证。凭借这个资格证，他获得了成为电台技术工的机会。1962年，杰瑞来到波特兰市，正式成了一个技术工程师。

一切看起来还算顺利，杰瑞的处境开始好转，在新的部门大家都对他不错，特别是一个叫伯吉斯（化名）的同事，他和杰瑞成了好朋友，还给杰瑞介绍了一个女孩——詹妮弗。

詹妮弗是一名服装推销员，她很崇拜杰瑞的工作，认为他

"很特别""有一种特别的气质"。虽然杰瑞比较迟钝，但两个人还是走到了一起，确立了恋人关系。当然，这时候詹妮弗不知道杰瑞那些变态的爱好。据她所说，刚开始对杰瑞的印象是"很可爱""很温柔"。

1964年，两人结婚了，并生下了一个女儿艾拉（化名）。但是詹妮弗发现，杰瑞一点都不喜欢这个女儿，他有意无意地疏远她，也不关心她。

而且在结婚后，杰瑞有了越来越多奇怪的做法：他经常要求詹妮弗脱光衣服，按照他的想法打扮，并给她拍照。他经常要求詹妮弗和自己一样在家里脱光衣服。他的房间里经常出现一些女性衣物。有几次杰瑞穿着一身女性内衣，戴着围裙，穿着一双黑色高跟鞋出现在詹妮弗面前，还问她好不好看。

詹妮弗对杰瑞的各种要求越来越难以忍受。据她所言，自己每次拒绝杰瑞之后，他都会沉默且沮丧地出门，但从来没有朝她发过火。

虽然结了婚，但杰瑞的性犯罪行为丝毫没有结束的意思。究其根源，大致可以理解为：詹妮弗的屡次"不配合"带来的类似于潜意识规则的对撞，和童年时期母亲奥黛丽对他的做法感受相似，反向刺激了杰瑞的畸形需求。

1965年至1967年期间，杰瑞在波特兰市制造了多起（有关联的案件至少6起）女性遇袭事件，事件重点整理如下：

- 1965年3月案件模式：尾随—击晕—性侵（没有拿走鞋）。
- 1965年8月案件模式：尾随—击晕—性侵（没有拿走鞋）。
- 1967年2月案件模式：尾随—击晕—性侵（拿走鞋和内衣）。

杰瑞在这一年的幻想已经升级为“把女人关在冰箱里，随意摆弄她们”。他只是还没有想好关于杀人的事情。

留一个问题给大家思考：在这宗连环性侵案的前几起案件中，杰瑞·布鲁多斯为什么没有拿走鞋？答案会在后面公布。

1978年，随着家庭矛盾的激化，杰瑞的恶魔羽翼正在“丰满”，距离成为一个连环杀手只差一点点。

3. 案件记录

（1）第一案

琳达·劳森，21岁，是一名图书推销员。1968年1月26日，她和客户约好在下午2点见面，但最惨的是：她弄错了门牌号，敲开了杰瑞·布鲁多斯家的门。

作为一名推销员，琳达·劳森专业素质了得。杰瑞开门之后，琳达就自报家门然后一通介绍。杰瑞想了想，指了指后院，让她进屋具体谈一谈。进屋后，当琳达滔滔不绝地介绍时，杰瑞将其击昏，这时候詹妮弗和小艾拉都不在家。

随后，杰瑞将琳达拖到自己研究电力设备的地下室，将其勒死，还给尸体洗澡，用偷来的女性衣物、高跟鞋打扮尸体并拍照。在拍了足够多的照片后，杰瑞把尸体藏在汽车后备厢中，夜间开车到一座郊外的桥上，抛尸入河。

在抛尸前，杰瑞还保留了琳达的左小腿，他将其当作“纪念品”带回家，装入地下室的一个小冰柜中，还经常为这条腿穿上各种鞋拍照。

这次作案后的第5个月，杰瑞干了一件出乎所有同事意料的事情：要求电台把自己调到塞勒姆市工作。

当时的塞勒姆市和波特兰市差距较大，而杰瑞是以“迫不及待地想回到母亲身边”为由提出申请的（奥黛丽在1963年萨洛尔死后，去了塞勒姆市定居）。于是杰瑞在8月带着妻子和女儿来到塞勒姆市，和母亲住在一起。另外，他还在住宅旁边瞒着所有人以修停车房为由建造了一个小屋。

（2）第二案

简·惠特尼，29岁，是一名家庭主妇。1968年11月26日，简下午回家途中车出现了故障，碰到了刚下班开着车回家的杰瑞。“好心”的杰瑞停下车，假称自己可以帮忙修车，让简和自己回家拿修车工具，没有丝毫戒备的简在车上被杰瑞击昏，然后杰瑞将其带回家中勒死。

留一个问题给大家思考：将昏倒的简带回家才勒死，这需要冒很大的风险，杰瑞这样做的目的是什么？答案会在后面公布。

在家中将简杀死后，杰瑞在半夜将其带到那个秘密小屋中，清洗尸体，用各种各样的衣物打扮尸体，多次奸尸、拍照。一天后的晚上，杰瑞切下了简的部分胸部作为“纪念品”，然后抛尸河中。

（3）第三案

凯伦 · 斯普林克，20岁，是一名大学生。1969年3月27日上午9点多，在街上闲逛的杰瑞正在到处寻找目标，于商城的停车场附近看到了凯伦，见四周无人，杰瑞持枪将其挟持上了自己的车，将其击昏后带回了“工作间”。

在“工作间”里凯伦醒了过来，杰瑞没有着急将其杀死，而是逼迫凯伦按照自己的意愿穿上那些内衣和鞋拍照。几个小时后，杰瑞似乎玩够了，就把她勒死了，随后清洗尸体、奸尸，切下双乳作为“纪念品”，用手纸填充在胸罩内，称“让她更加完美”。然后抛尸河中，地点是距上次抛尸点不足1千米的地方。

（4）第四案

琳达 · 萨林，28岁，是一名老师。1969年4月17日，她在商场给男朋友买完礼物后准备回家时，在停车场被杰瑞持枪挟持上车。和之前一样，她也被打晕了。

这次杰瑞把琳达带到停车房后，很从容地回家吃饭，吃完饭才回去看琳达。杰瑞发现琳达挣脱了绳子，而且她不服从他的要求，并激烈地反抗他、辱骂他，于是杰瑞直接勒死了她，然后清洗尸体、奸尸。杰瑞认为琳达的胸部“不够好看”，于是锯下一条腿作为“纪念品”，并用两根自制电极插入尸体胸腔两侧。

杰瑞这么做的目的，按他的说法是想“实验”一下尸体通电后“会不会跳舞”“动起来”。另外可能和他的一个经历有关，杰瑞最初在电台工作时曾经被机器设备的巨大电流击中，因为抢救及时才脱离生命危险。

第二天，杰瑞按照惯常的操作模式抛尸，唯一不同的是换了个地点。

最后，终结杰瑞的其实是他身边的两个女人：他的母亲和他的妻子。

杰瑞和奥黛丽、詹妮弗住在一起，两人一直对杰瑞的异常举动非常敏感，特别是奥黛丽，她知道儿子有精神病史。而詹妮弗也曾多次在杰瑞的衣柜里发现一些很血腥、恐怖的照片，但是她一直不相信那是杰瑞的所作所为。

1969年5月，前三起案件的尸体全部被发现，警方向媒体公布了部分死者的生前照。詹妮弗惊出一身冷汗——她曾经在房间里见过杰瑞私藏的简·惠特尼的裸体照，一度还和奥黛丽抱怨怀疑杰瑞出轨，现在她不得不怀疑接连出现的杀人案和杰瑞有关。震惊之余，詹妮弗把这件事告诉了奥黛丽，奥黛丽支持她向警方提供线索的决定。

5月27日，警方接到两人提供的线索，加上杰瑞早已有前科在录，警方对其发起审讯，对其房屋和汽车进行搜查。让人非常意外的是，杰瑞不但不紧不慢地像讲故事一样陈述了所有犯罪过程，而且非常配合地带警方去寻找证物。

7月12日，警方宣布证据链已完整，案件告破。次年3月，俄勒冈州法院判处杰瑞终身监禁。宣判理由大致包括杰瑞 · 布鲁多斯精神异常、配合案件调查工作等，这也是审判法官让他免予死刑的支持点。监狱中的杰瑞 · 布鲁多斯很守规矩，经常帮助狱管修电脑等，得过不少次“模范犯人”称号。2006年，杰瑞 · 布鲁多斯因为肝癌在狱中去世。

二、犯罪心理简要分析

1.犯罪心理成分分析

杰瑞 · 布鲁多斯的主要犯罪心理成分=严重而极端的性欲倒错障碍+连环杀手的杀戮欲望。

2. 详解

不知道大家有没有发现，其实在笔者详述案情的过程中已经讲了不少犯罪人的心理发展历程，特别是他作为性欲倒错障碍个体的心理发展历程。

（1）杰瑞·布鲁多斯的性欲倒错障碍

性欲倒错，即“paraphilia”，仔细看看，“para”在希腊语中的意思是“非常规的、怪异的”，“philia”在希腊语中的意思是“爱”，组合起来理解就是“追求性欲必须依托那些怪异的途径”。

如果要找一个和杰瑞比较相似的杀戮者，那应该是爱德华·西奥多·盖恩。两个人最大的相似点就是：都把女人的尸体当成喜欢的玩具。很明显，杰瑞真正的特殊之处在于他的性欲倒错（特别是恋物癖），这和他异常的性觉醒密切相关。简单来说，杰瑞·布鲁多斯的性欲倒错障碍=（最高级别的）恋物癖+恋尸癖+异装癖。

（2）恋物癖

对于杰瑞·布鲁多斯来说，恋物癖算得上他性欲倒错的源头，也伴随了他整整一生。

所谓恋物癖，是指涉及无生命的物体的或高度专注于身体非生殖器部位的反复、强烈的性唤起。对于杰瑞而言，“无生命的物体”如女性内衣、高跟鞋、丝袜等，“身体非生殖器部位”如腿等（选择“猎物”的依据之一）。

关于恋物癖，DSM–5给出的鉴定标准如下：

● 至少6个月，通过使用无生命的物体或高度特定地聚焦于非生殖器的身体部位从而激起个体反复的、强烈的性唤起，表现为性幻想、性冲动或性行为。

● 这种性幻想、性冲动或性行为引起具有临床意义的痛苦，或导致社交、职业或其他重要功能方面的损害。

● 恋物障碍的对象不限于用于变装的衣物（如在易装障碍中）或为达到生殖器触觉刺激而专门设计的器具（例如震动棒）。

一般来说，这种性欲倒错个体是男性，而且这种障碍会慢性发展。

对于这个案件，笔者使用了“最高级别”来形容杰瑞恋物癖的程度，原因是：很大程度上，杰瑞将被害人当成了“物品”，杀死她们，像玩布娃娃一样摆弄她们。

还有一个角度可以佐证这个观点。笔者之前说过勒杀很大程度上代表了泄愤，多数是代偿杀戮，但是分析本案，我们可以发现这个案子不关乎代偿，为什么还是用这种方式杀人？

结合清洗尸体等行为综合来看，只能解释为勒杀相比枪杀、刀杀等，能在很大程度上保证尸体面貌完整。这是凶手对尸体的保护行为——“他不想要在享受她们之前把她们变得鲜血淋漓或不完整”。他不想得到一个破个洞或沾满血的玩具。这就是最可怕的地方，也是“最高级别”的含义。

（3）异装癖

杰瑞的异装癖程度比较严重，而且在不断加重。它大致经历了这样一个发展过程：偷偷地偶尔异装，经常异装（包括出门），习惯性异装。就连在狱中，杰瑞多数时间也穿女性衣物。

所谓异装癖是通过穿着异性衣物而产生的反复而强烈的性唤起，并伴有明显功能损害。

关于异装癖，DSM-5给出的鉴定标准如下：

● 至少6个月，通过变装从而激起个体反复的、强烈的性唤起，表现为性幻想、性冲动或性行为。

● 这种性幻想、性冲动或性行为引起具有临床意义的痛苦，或导致社交、职业或其他重要功能方面的损害。

（4）恋尸癖

杰瑞的恋尸癖，从动机上来说和爱德华·西奥多·盖恩有所不同。笔者之前说过，爱德华·西奥多·盖恩的恋尸癖，归根结底在于其内在控制感的不满足。在他身上有一种支配其性交对象的强烈欲望，这种欲望的满足在其性满足中占据十分重要的地位——尸体绝对不会反抗他的命令，任他为所欲为，因此他喜欢选择尸体作为性交对象。而对于杰瑞来说，控制感的需求没有这么强烈，他恋尸的内在动机很简单：他就是很喜欢尸体，尸体使他产生强烈的性唤起。

总的来说，奸尸者有以下几种类型：（1）不杀人奸尸型：比如爱德华·西奥多·盖恩前期寻找刚下葬的女性尸体；（2）杀人奸尸型：比如杰瑞·布鲁多斯；（3）伪奸尸型：要求性交对象伪装成尸体。奸尸者的主要表现有：至少6个月，抚摸尸体、旁观奸尸或观看他人抚摸尸体会觉得兴奋，产生反复而强烈的性唤起，表现为性幻想、性冲动或性行为；乐于边看着尸体边自慰。

这里笔者要公布第一个问题的答案：在连环性侵案中的前几起，杰瑞没有拿走被害人高跟鞋的原因在于他的性欲倒错障碍即将升级，加入“恋尸癖”这一成分。理由是被杰瑞打昏的死者遭到了性侵。反思一下整个案件的脉络，遭到性侵的只有两种人：昏过去的人和死人。

也就是说，这两种人可以真正唤起杰瑞的变态性需求。昏过去的人让杰瑞无比兴奋，是因为其看上去和死人没什么区别，可以给他兴奋。这种兴奋先是取代了拿走鞋的兴奋，但最终行为升级为不仅要奸尸，还要拿走鞋，不同的性欲倒错种类开始融合在一起，作为一个整体性结构存储在犯罪心理结构中。当然，如果要继续“升级”，就需要用鲜血来“浇灌”了。

做一个总结（具有一定的或然性）：童年的畸形性觉醒容易诱发性欲倒错障碍，这个理论有很多实际案例支持，但样本量还不够多；由童年的畸形性觉醒诱发的性欲倒错障碍具有“从一种到多种”的特点，因为潜意识储存畸化性嗜好，性欲倒错的种类容易增加，程度也比一般种类容易加深。最后，大家想想这个问题：为什么杰瑞不喜欢和女儿相处呢？

笔者的答案是，他不是不喜欢，而是害怕。害怕什么？害怕和女儿的接触在畸化性嗜好的诱导下分化出恋童癖，伤害自己的女儿。他其实很了解自己。

3. 杰瑞·布鲁多斯的杀戮欲望

杰瑞的杀戮欲望，始于畸形的、不断发展的性欲望。其实想一想，从杰瑞的童年开始，“性”这个代表禁忌的词就夹杂了很多东西，包括排挤、背叛、挫败、打击等。

从连环杀手的角度来看，杰瑞·布鲁多斯很典型。很多连环杀手的第一次谋杀起于无意、无准备状态，但之后的谋杀会变得很轻松，这一点我们已经说过。杰瑞也属于这个类型：前两个案件都是偶遇、突发性的，带有随机性；后两个案件他开始主动出击寻找猎物，而且明显更加从容。

连环杀手从第一次谋杀开始，幻想、意念、孤独每一分钟都在促使他们行动，将幻想付诸行动。而第一次谋杀不仅仅是“好玩”的经历，还是最危险、最惊悚的经历。

一般对于非反社会型人格障碍型连环杀手而言，起初会陷入心理和法律的双重怀疑，而不会感受到身体上的劳累，因而他们会产生一种身心分离的奇特感受。

从另一种角度来讲，杀死第一个被害人的时候，杀手也杀死了一部分自己，并同时变成另一个人，决绝地切断自己和普通人的连接，在“战胜了”从前的自己后，变得更加自信。

他的第二次杀戮会变得很主动，会像第一次一样不够专注，但是他会更加冷血地看待杀戮——感觉自己更加“全能”，仿佛有一种统揽全局的视野。

以后的案件杀手往往会更加自信而且具有完美主义倾向，暴力程度指数级飙升。这是一种自我证明，是人性泯灭的一种飞跃，也是对杀戮快感这种虚无主义上瘾的开端。自此，心灵再也无法救赎。

现在来看看第二个问题：将昏倒的简带回家才勒死，这需要冒很大的风险，这样做的目的是什么？

笔者认为，杰瑞是想报复奥黛丽。在把昏倒的简带回家杀害的时候，奥黛丽就在二楼，这让杰瑞非常快乐。“这个母亲曾经因为他拿回一双高跟鞋而骂他；因为他看了一些色情图片而打他；她阻碍了他太多，所以他要在她眼皮子底下杀人、藏死人。”

2

小径夺人命——戴维 · 卡朋特连环杀人案

从1968年12月开始，整个旧金山沦为了黄道十二宫杀手的狩猎场。1968年12月20日，大卫 · 法尔戴和贝蒂 · 洛 · 詹森被枪杀于瓦列霍市郊区。1969年7月4日，达琳 · 弗仁被枪杀于瓦列霍市郊区的一个旧游乐场旁。1969年9月27日，布莱恩 · 哈特奈尔和西西莉亚 · 谢巴德被捅杀在帕耶撒湖的沙滩上……

随着一个又一个死者出现，还有大量神秘难解的信件被寄到警局和媒体。但是在持续作案两年、杀害七人后，十二宫杀手突然消失得无影无踪，自此成了旧金山所有人心中挥之不去的梦魇。

谁能想到，十年一轮回，1979年的旧金山出现了一个黄道十二宫杀手的翻版：从1979年开始陆续有人在旧金山各大森林公园的小路边看到死于枪杀的人。媒体纷纷推测，疯狂杀戮后沉寂多年的十二宫杀手重新开始了杀戮。但警方发现，这个凶手有点不一样，他杀人的过程很隐蔽，似乎觉得没有必要故意引起警方的注意。他只顾杀人，杀完人就隐藏行踪。这和招摇过市的十二宫杀手很不一样，因为凶手选择的行凶地点多为一些偏僻的公园小径边。于是旧金山警方把这个神秘的杀手称为“小径杀手”。

一、罪案全貌概述

1. 案件基本情况一览

犯罪人：戴维·卡朋特。

作案时间：1979年7月21日至1981年4月30日。

作案地点：旧金山及其附近的森林公园。

被害人数：8死1伤（推翻的案件不计入在内）。

2. 案件记录

（1）第一案

安妮·梅基凡和戴维是老相识了，他们是在很久以前的一次社区集会上认识的。虽然戴维说话吞吞吐吐，但总的来说，安妮对这个老相识的第一印象还行。

1979年7月21日，戴维突然给安妮打电话，说晚上要在家里举行一个聚会，所以想邀请安妮前来参加。当晚7点左右，安妮如约来到了戴维家里，但她发现一个人都没有。在她疑惑之际，戴维迅速锁上门，拿出一把尖刀威胁安妮听他的话，不然就杀了她。戴维把安妮囚禁在一间杂物室里至少10天，在这期间每天都要对其施暴数次。

1979年8月1日，戴维发现安妮已经陷入昏迷，于是将其捅死，于夜间将尸体运到塔玛佩斯山州立公园的树林里埋了。

本案行为小结：诱骗、囚禁、强暴、刀杀、埋尸。

（2）第二案

1979年8月14日早上，银行经理艾达·凯恩和往常一样在塔玛佩斯山州立公园的森林小路上散步——她很喜欢这里清新的空气。但是，正当她毫无防备地走在树林中时，危险发生了。潜藏在暗处的戴维突然从她身后将其打晕。趁四下无人，戴维把艾达带到了林边停放的车中，将她带回家里囚禁。

8月18日，戴维似乎有点“腻”了，便决定杀了艾达。这次的手法和上一次不同，杀害艾达的手法充满了仪式感——他先将艾达的双手反绑在身后，让其跪在地上，然后用枪抵着她的头顶。

于是，这天晚上的塔玛佩斯山州立公园树林的小径边出现了一具尸体。与其说是抛尸此处，不如说是尸体被摆在此处。这时尸僵已经形成，戴维将尸体摆放在一块石头旁，呈现出和死前一样的跪姿。

本案行为小结：突袭致晕、囚禁、强暴、跪姿击毙、布景式抛尸。

（3）第三案

1980年10月3日，理查德·斯托尔斯和他的未婚妻辛西娅·莫兰在雷伊斯公园的林间小道散步时遭到了戴维的突然袭击。戴维在一个岔路口看到了这对情侣，然后悄悄跟了上去，先朝着理查德的头部开了一枪，理查德当场倒地死亡。理查德倒地后，戴维朝着惊魂未定的辛西娅的左腿开了一枪，然后将其双手绑在身后，让其跪倒在地，一枪击毙。戴维将辛西娅的尸体扶正回跪姿，又朝理查德的尸体开了两枪，将其拖到大约50米外的一个土丘旁。值得一提的是，在戴维拖动尸体的时候，他上衣口袋里的一副眼镜掉在了现场。

本案行为小结：突袭式枪杀、跪姿击毙、将男尸拖远、布景式处理女尸。

（4）第四案

1980年10月21日晚上9点左右，26岁的安妮·奥尔德森到雷伊斯公园夜跑，被紧跟在身后的戴维袭击。安妮·奥尔德森大声呼救，但四周除了鸟群的惊叫外没有任何回应。安妮的求救声激怒了戴维，他咆哮着将安妮拖进树林更深的地方，猥亵了她，然后将其双手绑在身后，让其跪倒在地并枪杀了她。随后，安妮的尸体被戴维连夜埋在了一个很隐蔽的山沟旁。

本案行为小结：突袭致无行动能力、猥亵、跪姿击毙、埋尸隐蔽处。

（5）第五案

1980年11月27日傍晚，女教师肖娜·梅在科布里尔森林公园中散步时被戴维盯上。戴维一路尾随，到没有路灯的地方突然从肖娜身后持枪威胁，并将其带到树林中，对其进行猥亵，最后将其双手反绑在身后，让其跪倒在地，一枪致命。当晚，戴维将尸体埋到了一棵大树边。

本案行为小结：跟踪威胁、猥亵、跪姿击毙、埋尸隐蔽处。

（6）第六案

1981年3月4日，戴维在沉寂了一段时间后再次出手了，这次的犯罪地点是亨利·考艾尔德勒伍兹州立公园。当天晚上10点左右，22岁的艾伦·玛丽·汉森正和她的丈夫史蒂夫·黑特在树林里散步，被身后的戴维开枪袭击。戴维先朝着艾伦开了一枪，她当场死亡，然后朝着史蒂夫开枪，这一枪打在了史蒂夫的右胸部。史蒂夫痛苦倒地，戴维过去狠狠踹了几脚，随后离开了现场。过了几分钟，两人被路人发现并送往医院，史蒂夫被救了回来，成了本案唯一的幸存者。虽然捡回一条命，但史蒂夫称自己没有仔细观察凶手的面部特征，他只记得凶手“长了一口歪七扭八的牙，还是一个老秃驴”。

本案行为小结：突袭式枪杀、过度行为、未处理尸体。

（7）第七案

1981年4月29日，戴维邀请自己的同事希瑟·罗克珊到家中商讨学校美术节的一个策划活动。当希瑟到达戴维家的时候，戴维很熟练地利用第一案的手法将她囚禁了起来，强暴了很多次。第二天，戴维采用跪姿击毙的手法将希瑟杀死并埋尸。5月1日，希瑟的父母向警方求助，说自己的女儿已经失联两天了，怀疑她遇到了危险，而希瑟的男友告诉警方，希瑟在失踪前向他提过会和一个美术老师一起商讨一个活动，这个老师就是戴维·卡朋特。

警方发现这个美术老师是个51岁的老头，这有点不符合常理，但警方还是去了戴维的住处进行调查。当警方看到开门的戴维时，他们都惊呆了，戴维的长相、特征几乎和史蒂夫描述的一模一样——满口黄牙、秃顶，而且口吃。警方立刻申请对戴维的家进行搜查，发现了与多名被害人头部伤口相吻合的枪型，还找到一间奇臭无比的杂物室，那就是他囚禁被害人的地方，警方在里面找到了多名被害人的体液和毛发。随后，旧金山警方和联邦调查局立即将戴维逮捕归案。

面对证据和证人，戴维没有拒绝承认案件事实的资格，审讯进行得比较顺利，他也很快承认了那些物证确凿的案件。1983年5月，戴维被判处死刑，沦为死囚。和很多保留了死刑的州一样，加州也是将死刑备而不用，长期没有对包括戴维在内的很多重案杀手执行死刑，戴维·卡朋特就那样一直被关在狱中。

二、犯罪人人生经历简述

1930年5月6日，戴维·卡朋特出生在旧金山的一个普通家庭，父亲约瑟夫·卡朋特是个技术工人，母亲娜塔莉是个保洁员。虽然家里只有他这么一个儿子，但戴维的日子也不好过，父亲嗜酒如命，喝多了酒回家就打人，每次娜塔莉被打得受不了了就会离家出走很长时间。一旦她不在，挨打的人就变成了戴维。

戴维上小学后，从小学三年级开始出现口吃，而且越来越严重，说话磕磕巴巴，所以他在学校里成了被嘲笑的对象，还有老师故意让他朗读课文来活跃课堂气氛，同学们还会模仿他说话口齿不清的样子。在家挨打，在学校被嘲笑，和很多连环杀手一样，戴维把这些无处发泄的压力施加在了流浪猫狗身上。他喜欢从外面抓流浪猫和流浪狗，关到家里常年不用的废弃地下室里，之后就不管不顾，以致地下室堆积了很多猫狗的尸体。但戴维不介意，每天放学后只要家里没人他就会去那个臭气熏天的地下室里待着。因为学习成绩太差，而且平时的表现很差，一直到1945年戴维才得以毕业，上了一所私立美术高中。这意味着戴维进入了青春期，开始了他充满性犯罪记录的人生历程。

1947年4月，戴维因为在家里猥亵自己的两个表姐，被强制监管4个月。1948年9月，戴维将邻居家的女儿拉到树林里意图性侵，被路人发现而未遂，获刑10个月。1949年12月，戴维在学校猥亵一名同年级的女生，被强制退学，获刑3个月。

1951年6月，戴维在一家私立小学找到了一份美术老师的工作，结果干了不到一年就因为猥亵幼女被迫离职。1953年，戴维找到了一份为美术机构做策划的工作，在这里他遇到了马凯拉，两人在1955年结婚并生了一个儿子。可惜和他父亲一样，戴维的暴力倾向在家里表现得很严重。1960年4月，不堪重负的马凯拉带着儿子离开了他。

1961年，戴维用尖刀威胁一个叫金伯莉的女性和他发生关系，还差点把她捅死，被警方当场抓捕，获刑14年，但是他在1968年被保释出狱。1970年的圣诞节前夜，戴维在街上闲逛时用枪把一个叫亚历克萨的女孩强行带到自己家里，要求对方听从自己的摆布，但是亚历克萨夜里从窗户跳出来逃跑了。亚历克萨的父母报警，戴维获绑架罪、性侵犯罪等几项罪名，被判入狱10年。

1978年年底，戴维被提前释放。不知道怎么回事，戴维又在他第一次工作、猥亵女童、被迫离职的那所小学当了美术老师。这次，戴维将他的性犯罪心理结构强化到另外一个程度，因为他用足够多的时间去反复思考、幻想获得满足的方式。最后在1979年7月，他开始将幻想付诸行动。

按道理来说，戴维早就应该被警方锁定、抓获了，但是他选择的作案地点很动态化，藏尸地点也足够隐蔽，牵扯多个警察部门的管辖区域，这让警方的工作变得更加复杂。警方早就怀疑犯罪人有前科，所以调查的重点是那些有多项性犯罪记录的人。而戴维可以躲过排查完全是因为警方的疏忽，当时的10年服刑实际上他已经被加州警方提前释放，虽然他并不在押，但在排查记录上他仍然处于被监禁状态，于是没有成为被怀疑对象。更加戏剧化的是，戴维掉在现场的那副眼镜和第四个被害人安妮的眼镜是在同一个验光师那里配的，但是那名验光师没有看到那个信息，也没有过多地关注警方发布的案件细节，于是没能为警方提供帮助。

戴维·卡朋特的人生经历小结：饱受家庭暴力，遭同龄人嘲讽，且出现虐待动物行为的童年；充满性犯罪幻想，屡次出现性犯罪记录的青春期；充满性犯罪和暴力犯罪行为的成年期。

三、犯罪心理综合分析报告

1. 系列案件定性

一宗以跪姿击毙和性侵作为基本犯罪手段，以满足内在扭曲的性需求和杀戮欲望、恢复内在创伤平衡为目的的连环杀人案。

2. 犯罪心理主要成分

戴维·卡朋特的犯罪心理主要成分=（反社会型人格障碍+补偿性性侵欲望）+畸形的内平衡需求+畸形的杀戮欲望。

3. 主要成分分析（含行为分析）

从总体上看，4种主要成分搭建起戴维整个变态心理结构（图1-1）。

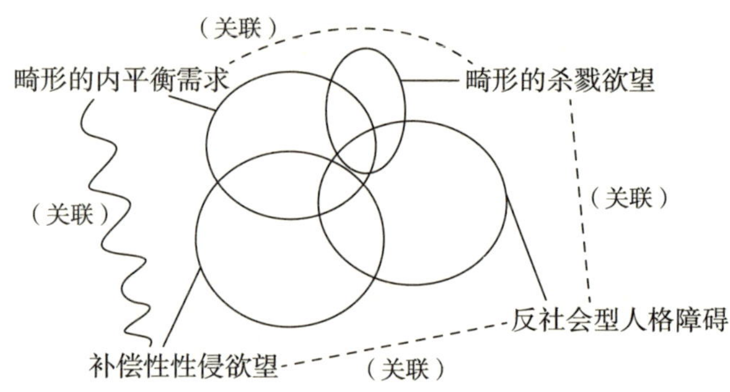

图1–1　戴维 · 卡朋特主要的变态心理结构图

4. 关系分析

畸形的内平衡需求的根源性最强，和畸形的杀戮欲望、反社会型人格障碍（ASPD）、补偿性性侵欲望均有动机关联性。

补偿性性侵欲望和ASPD、畸形的内平衡需求均有动机关联性。

ASPD和畸形的杀戮欲望、补偿性性侵欲望均有动机关联性。

畸形的杀戮欲望和ASPD、畸形的内平衡需求均有动机关联性。

综合来看，根源性动机主次关系大概是：畸形的内平衡需求 > 补偿性性侵欲望 =ASPD> 畸形的杀戮欲望。

由此可以看出：在所有的变态需求中，对于戴维而言，最重要的是通过犯罪行为恢复自己的内平衡需求。

那么，到底是什么破坏了戴维的内平衡稳定呢？答案是创伤。

5. 戴维·卡朋特创伤分析

（1）综合分析

上文已经说到，戴维童年时期受到的创伤是非常大的。他的创伤来源一方面是家庭，另一方面是学校。家庭方面：母亲经常离家出走，父亲的家庭暴力和责罚。学校方面：讥笑、排斥、嘲讽。

据戴维所言，他的父亲经常喝酒，回家之后就会把他的母亲打跑，家暴一直持续在他的童年经历中，这一常态化事件带来的直接影响是幼时依恋感得不到满足。

依恋是一种与生俱来的现象，小婴儿一般在半岁左右就会出现依恋现象，最容易观察到的就是不想离开自己依恋的对象（一般是哺育者），一旦离开就会表现出负面情绪（如哭闹等）。

可以说，这种依恋是母亲或者其他抚养者获得对孩子心理控制的直接资本，如果依恋需求长期得不到满足，就很容易出现社会情感缺陷，以及冷酷、残忍等外在性格表现。

而父亲的家庭暴力无疑会让依恋本就中断的戴维更加恐惧、无所适从。关键点也是更惨的一点是，这两件事情经常是同时发生的。对于很多普通孩子而言，犯了错误，被父亲打了，还可以去找母亲或外婆等人大哭一场，把压力释放出来。但是对于戴维来说，一方面，他没有犯错就挨打；另一方面，他挨打的时候身边不存在可以满足他依恋情感的人。于是，这两种童年时期的遭遇会给他的内心带来很大的压力甚至创伤。

之后上小学三年级患上口吃，每天在学校备受嘲笑，则是另一个压力来源。为了排解这些洪水般的压力，缓解创伤，戴维采取的方式和其他连环杀手有所不同。他不是利用暴力杀死那些小猫、小狗，而是采用把小动物囚禁、活活饿死的方式。这是因为每次囚禁动物的时候，戴维都觉得自己掌控了小动物的生死，他在囚禁动物过程中观察那些小动物慢慢死亡，体会到一种缥缈的权力感，并在这个过程中找寻自我平衡。

戴维也说过，他每一次性侵被害人的时候和童年囚禁动物的时候一样，都不会口吃，说话就像一个正常人一样。这也可以理解为，他的口吃很有可能与长期的心理压抑和紧张有很大的关系，而囚禁动物和性犯罪可以帮助他释放这种压抑，甚至让他的口吃得到暂时的缓解。

综上，见图1–2：

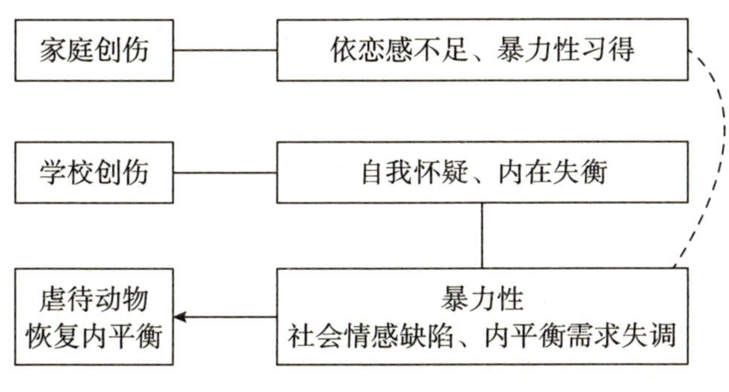

图 1–2　戴维·卡朋特的创伤分析图

（2）综合分析一：反社会型人格障碍+补偿性性侵欲望

先说说ASPD，戴维15岁之前就表现出了品行障碍行为，如下：

品行障碍（Conduct Disorder，CD），这是一种反复持久侵犯他人基本权利、违反和年龄匹配的主要社会规范的行为模式（APA，2013）。

DSM–5的鉴定标准：

在过去12个月内，表现为以下标准中的至少三项，并在过去6个月中至少存在一项：

- 经常欺负、威胁或恐吓他人。
- 经常挑起斗殴。
- 曾使用可能会对他人造成严重人身伤害的武器（例如，棍棒、砖块、碎玻璃瓶、刀、枪）。
- 曾残忍伤害过他人。

- 曾残忍伤害过动物（戴维15岁前出现的品行障碍行为）。
- 曾当着被害人的面偷窥（例如，抢劫、敲诈勒索或持械抢劫）。
- 曾强迫他人发生性行为。
- 曾故意纵火试图造成严重损坏。
- 曾蓄意欺诈或盗窃。
- 经常无视父母管教，夜不归宿（在13岁之前开始）（戴维15岁前出现的品行障碍行为）。
- 经常逃学（在13岁之前）（戴维15岁前出现的品行障碍行为）。
- 导致有临床意义的社交、学业等方面的功能损害。

在进入青春期以后，戴维就完全陷入了疯狂的犯罪中：

- 1947年4月，猥亵了自己的两个表姐；
- 1948年9月，将邻居家的女儿拉到树林里意图性侵；
- 1949年12月，猥亵一名同年级的女生；
- 1952年5月，猥亵幼女。

这样看下来，给人的感觉是“单调”。不信可以看看流窜多省的变态杀人狂魔董文语的犯罪记录：

- 1994年，在上海因为故意伤害进入劳教机构；
- 1995年，在金华因为故意伤害进入劳教机构；

- 1998年，因为故意伤害罪被温州市鹿城区人民法院判处有期徒刑1年零6个月；
- 1999年，因为盗窃罪在杭州被捕，被判处有期徒刑2年零6个月。

和董文语相比，两个人虽然都是ASPD，但是董文语初期犯罪的特点是“什么违法的事情都想干”，而戴维初期的特点是“除了性犯罪，别的什么都不想干”。这就是戴维的特殊性，热衷于性犯罪，而对其他违规行为不感兴趣。

再来看看系列杀人案的行为：

第一案：诱骗、囚禁、强暴、刀杀、埋尸。

第二案：突袭致晕、囚禁、强暴、跪姿击毙、布景式抛尸。

第三案：突袭式枪杀、跪姿击毙、将男尸拖远、布景式处理女尸。

第四案：突袭致无行动能力、猥亵、跪姿击毙、埋尸隐蔽处。

第五案：跟踪威胁、猥亵、跪姿击毙、埋尸隐蔽处。

第六案：突袭式枪杀、过度行为、未处理尸体。

第七案：诱骗、囚禁、强暴、跪姿击毙、埋尸。

性犯罪的第一重机制

除了两起特殊案件（其中第三案、第六案具有特殊性，后面会单独分析）外，均存在性犯罪的第一重机制。

为什么热衷于性犯罪的戴维，却在所有案件里没有出现性变态的行为（如虐待、奸尸等）？为什么戴维在ASPD的前期只热衷于性犯罪，而对其他违法行为不感兴趣？

这是因为ASPD和另一种特殊变态心理交融在一起，形成了以下结构：反社会型人格障碍+补偿性性侵欲望。简单地说，“补偿性性侵欲望”建立在强大的性欲驱动力上，还附着了对其他异常动机（内平衡）极度需求的极端欲望。前面说了，恢复内平衡对于戴维而言是头等大事，这就是补偿的实质性需求。这种变态心理因素追求两种东西：性犯罪的第一重机制（性侵等）、补偿。

补偿什么？从性侵犯罪的基础动机去找答案。一般来说，性侵犯罪具有五种不同的动机分类：

- 性欲动机（主要动机）；
- 攻击性动机（主要体现男性的攻击倾向，满足潜在的暴虐心理）；
- 权力感动机（追求权力与控制欲、征服欲）；
- 宣泄型动机（一种愤怒的表达方式）；
- 变态心理诱导（例如，具有性欲倒错人格障碍、反社会型人格障碍的个体实施性侵行为，具有反复性，且不正常的性幻想会发展为日常生活中的重要组成部分，容易成为系列案件作案人）。

这种“补偿性性侵欲望”就是性欲动机和权力感动机、攻击性动机、宣泄型动机的四重结合，如图1–3所示。

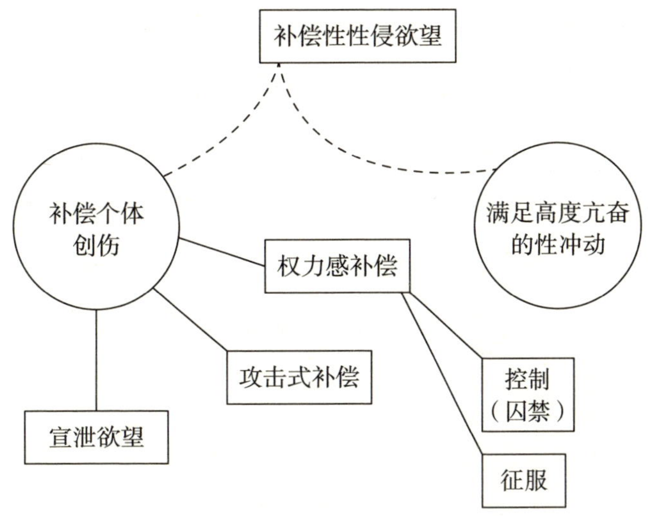

图1–3　“补偿性性侵欲望”概览图

直白点说，这种性犯罪的驱动方式是排除性变态外所有不良因素的综合体，是一种十分缜密的结构，稳定性高，且破坏力丝毫不逊色于很多性欲倒错支配下的性犯罪行为。在这种结构下的犯罪人很难枯竭，哪怕因为年老性功能下降，也会把性犯罪继续下去。

（3）综合分析二：畸形的内平衡需求+畸形的杀戮欲望

增加关注点：跪姿击毙行为。

充满仪式感的跪姿击毙行为，体现的是戴维对权力感的渴求。这和囚禁动物、囚禁被害人是一样的，他在布置这个处死仪式的过程里享受这种权力感，从而恢复他因为创伤严重受损的内在平衡。其实在这背后，我们也能看出戴维的自卑。

第一案：诱骗、囚禁、强暴、刀杀、埋尸。

第二案：突袭致晕、囚禁、强暴、跪姿击毙、布景式抛尸。

第四案：突袭致无行动能力、猥亵、跪姿击毙、埋尸隐蔽处。

第五案：跟踪威胁、猥亵、跪姿击毙、埋尸隐蔽处。

第七案：诱骗、囚禁、强暴、跪姿击毙、埋尸。

戴维接近被害人的手法要么是突袭，要么是跟踪威胁，或者是诱骗那些认识的人。这和连环杀人凶手泰德·邦迪等人通过外在、谈吐去诱骗陌生人明显不一样。因为他的口吃和外在形象等让他自卑，他只能采取这样的方式。选择那些非常隐秘的树林作为犯罪场所，这样作案过程中就可以避免遇到其他人。因为口吃，他没有用花言巧语哄骗被害人的能力，所以只能采取暴力方式。更过分的是，就算在四下无人的密林中他也喜欢从背后突然袭击。这充分表明戴维对自身的状况感到难堪——他必须通过袭击一个毫无防备的人来满足自己的控制欲和支配欲。杀人、仪式化的跪姿击毙，都是他满足控制欲、恢复内平衡的途径，也是他克服障碍的方式。

而第三案、第六案这两起案件，被害人都是情侣。其他案件最常见的是戴维在森林里转悠，然后盯上某个人，跟踪到一些隐蔽位置时突袭。但这两起案件都是戴维在寻找被害人的时候突然看到他们，然后就发起突然袭击。分析这两起案件：

- 行为没有规律性和条理性，也不符合系列案件的整体特征；
- 尸体处理和杀人方式更像是临时起意；
- 过度行为明显。

很明显，这是因为森林里出现的情侣刺激到了戴维。他有失败了一大半的人生，还是一个感情上的失败者。第三案中他朝着男尸补枪，以及第六案中他对已经倒地的男被害人进行踹击，都显示出对男性感情成功者的愤恨和嫉妒。通过对他们实施过度行为，可以在一定程度上恢复他的内平衡需求。

全文总结（图1–4）：

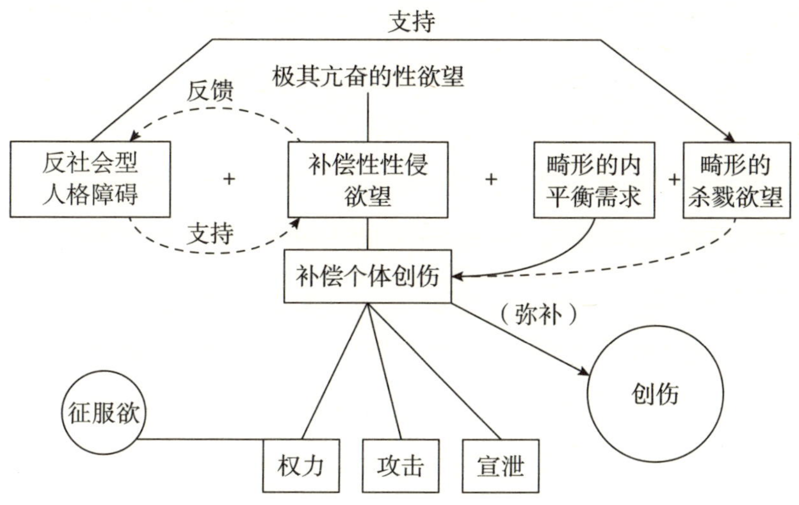

图1–4　戴维·卡朋特变态心理关系综合分析图

3

男童虐杀者——犯罪侧写巧破案

“性”和“杀”是连环杀手的两大重要需求，两者相互交错，彼此依存。在这两个“恶魔”的指引下，犯罪人可以“由性入杀”，也可以“由杀入性”。

所谓“由性入杀”，是指犯罪人最初的欲望在于满足性冲动，而为了达到这一目的不得不“杀”。而“杀”唤起了内心畸形的杀戮欲望，一发不可收拾。这种类型我们见过不少，比如小丑杀手约翰等。

所谓“由杀入性”，是指犯罪人在满足杀戮欲望的过程中，无意中找到了与之不同的“性需求”满足途径，体验其乐趣和快感后，将其逐步升级、固化。本节内容就属于这一类的典型案例。

一、罪案全貌概述

1.案件基本情况一览

犯罪人：约翰·裘伯特。

作案时间：1983年9月2日至12月2日。

作案地点：内布拉斯加州格兰德艾兰。

被害人数：共3人（卷录记载）。

杀人手法：刀杀。

2.犯罪人生平以及犯罪过程详写

1961年6月5日，约翰·裘伯特出生在缅因州的路易斯顿，父亲安德鲁·裘伯特是一个农场主，母亲克洛伊·奥康纳开了一个杂货店，家境算得上殷实。虽然衣食无忧，但是克洛伊患有轻度的躁郁症，加上脾气古怪，安德鲁一直和她分居，而约翰的抚养权归克洛伊。

话说回来，虽然约翰是家里的独子，但也没得到多好的待遇。据约翰所言，在他小时候，克洛伊是个“暴躁的女人”，她会突然变得很生气，然后摔东西泄愤，而且很轻视自己。在母亲生气时，约翰只能躲在自己的房间里，直到她恢复平静。

童年的暴力诱因是产生连环杀手的一个相关因素。约翰的暴力幻想从他刚上小学就开始了。他说："我在7岁时就幻想把她（代指约翰家里的保姆）打死，然后吃她。"

这种怪异、暴力的幻想从童年开始就刺激并煽动起约翰内心的不良需求系统。上小学对于约翰来说是件比较痛苦的事情。小学三年级的时候，他居然在放学后向一名男同学"表白"，结果把这个男同学吓坏了，这件事情搞得周围人都知道了。

从此以后，大家都说约翰是同性恋，对他大肆嘲讽，这件事让约翰的性格也发生了一些变化——他变得不爱说话，而且不爱和人交流了。

1973年，约翰上了初中。上初中第一个学期的前几周，约翰就在课堂上突然用铅笔扎自己的同桌，还揍了她几拳，这么做的结果是约翰回家待了半个月，赔了钱还挨了骂。虽然约翰回想起来并不知道为什么自己要伤害她，用他的话说，他只是"忍不住这么做"。

1976年，约翰上了一所隶属于军事学院的高中。到了新的环境，约翰很高兴地认识了很多朋友（全是男的），特别是戴纳 · 约瑟夫——他的寝室好友，另一个同性恋。在军事高中的四年，是约翰非常快乐的四年，他和戴纳关系亲密，而且他很喜欢学校的授课模式。

唯一的一次事故出现在1978年。某一天下午，约翰持刀袭击了一个名叫扎克利的同年级男生。但不幸的是，扎克利是个大约1.9米的壮汉，而约翰瘦得像只猴子。随后，被割伤的扎克利反过来猛揍了约翰一顿，约翰住院了。至于约翰为什么去找打，大概是因为他发现扎克利和戴纳走得越来越近。

因为军事学院的要求，学校心理咨询室按照惯例对持刀伤人的约翰进行了心理评估和疏导。他们的结论是：约翰的人格方面存在失序，他无法正常控制自己的情绪。

1980年，约翰毕业了，他和戴纳正式加入了地方空军，两人同时申请到欧福特空军训练基地，继续住在同一个寝室。服役两年零几个月后，形影不离的两人被调到格兰德艾兰的一个小型空军训练营。而在1982年，约翰毫无缘由地殴打了一个名叫霍利斯的10岁小男孩。

约翰受到了处分，军队扣留了他的军衔徽章，让他暂离部队，安排他去附近一家部队餐馆做4个月义务工。让约翰更加郁闷的是，在他离开的几个月里，戴纳认识了另一个男子布兰顿，两人感情急剧升温。就在约翰回到部队的那个星期，他发现戴纳已经搬出寝室。他气急败坏地找到戴纳，而戴纳对他说，布兰顿让自己远离约翰。

约翰就在4个月时间里，被相处了6年的“男朋友”甩了。而被甩的原因之一，有传闻是约翰“那方面有问题”。被甩的约翰请求离开部队，他声称要回家寻找一份新的工作，但他离开训练基地后还是留在了格兰德艾兰。

因为在部队里负责的是电路调节，所以他不怎么费力就找到了一份临时电工的工作。几个月的孤独，遭到背叛后的挫败感，父亲不幸离世的消息……此时的约翰，距离恶魔已经只有一步之遥。

（1）第一案

丹尼 · 罗伯特，一名12岁的报童。1983年9月2日这天，他和往常一样骑着单车出去送报。天没亮他就出门了，他先要去城里的一家便利店拿报社的报纸，然后发给订报的居民。

就在去拿报纸的路上，他遇到了开着车的约翰。约翰见四周无人，故意将车朝丹尼的方向开过去。而那是一条不算宽敞的马路，显然丹尼没有防备，这一下直接被撞下了单车，腿也受了点伤。

约翰赶紧下车，说自己没看清路，会带他去治疗，然后把撞歪的单车放进后备厢，丹尼也随他上了车。在车上，约翰声称自己的父亲是医生，可以在家里帮他敷药，丹尼就答应了约翰，和他回了家。约翰把车开回自己的公寓，进屋后直接打晕了丹尼，将他绑起来，在当天下午砍死了他。

这天早上9点左右，很多居民已经给报社打电话，询问为什么今天的报纸没有送到。检查派送情况后，他们没有发现任何投送记录，管理人员这才联系丹尼的父亲伊波里先生，而他同样对儿子的去向一无所知。伊波里报了警，警方在接警之初联络了位于凯尔尼的FBI分部，并对丹尼的行进路线进行了地毯式搜索。

9月4日，他们在一处草丛中找到了丹尼的尸体。卷录对尸体的记载，只能用“惨不忍睹”来形容，主要有：死者赤身裸体，身上伤口非常密集，都属于刀伤，直接死因是失血过多引起的失血性休克；死者肩膀和左大腿内侧被割去一块肉；没有遭到性侵犯。

另外，警方推断这里不是第一案发现场，丹尼被绑架后还活了几个小时。警方将基本案情反馈给FBI后，FBI指出：凶手是白人、独居，身体瘦弱，是第一次作案，并且会继续作案。

报告简要解释：

- 肤色侧写分析主要结合犯罪地图学的舒适理论，先判断犯罪人所属的社区，然后利用统计学数据库来推测犯罪人的肤色。一般来说，凶手和被害人的肤色一样。

● 因为抛尸地点距离马路不远，而且此处只需要再走不到3公里就有河流，将尸体抛入河中可以大大减少被发现的风险。有经验的凶手不会犯这样的错误，这暴露出凶手抛尸过程中惊慌的情绪。

● 凶手选了这样一个不远不近的地方抛尸，暴露出他抛尸过程中惊慌的情绪，他不能从容地找到一个更好的弃尸地，或者因为他身体不够健壮，难以带着尸体走更远的路。另外，那些非常密集的伤口多在被害人的颈部、腰部。不难看出是打算分尸而没有成功，佐证了凶手是第一次作案，以及凶手不算高大强壮。

● 凶手割下了死者部分肩部和大腿内侧的肉，这不是纪念行为，看上去毫无意义，而实际上这是证据的销毁行为。这两个部位很难作为最大化刺激凶手情绪的纪念品，但是可以作为“刀伤掩盖咬痕”的证据，和性有关的谋杀，延续性概率较高。

● 凶手有地点行凶且试图分尸，独居可能性高。

初次杀人后，约翰感觉很轻松，他的工作生活一切正常。每次想起杀人的过程，他都非常满足，并想寻找下一次机会。

（2）第二案

克里斯多夫·华登，11岁，刚上初中。1983年11月8日这天，克里斯多夫起床晚了，在上学途中遇到了“乐于助人”的约翰。约翰看到背着书包急匆匆的克里斯多夫，就问他要不要搭个顺风车，克里斯多夫答应了。约翰将车开到了郊区的一个小树林旁，用刀杀死了他，然后拖着尸体进了小树林。

1983年11月12日，人们发现了克里斯多夫的尸体。基本情况：死者赤身裸体，全身遍布伤痕，刀伤比第一个被害人要多、广、深；死者右大腿内侧、左手臂都被割下一块肉；没有遭到性侵犯；尸体发现地有大量血迹，是“虐尸”地点。

也就是说，第一案中惨不忍睹的尸体处理方法，如果说是凶手肢解死者半途而废的结果，那么第二案的尸体处理，就像是有意识、故意为之的虐尸行为。凶手从无意的尸体处理（砍切尸体）这个行为中体验到虐尸的快感，并故技重演。

除此之外，FBI结合两起案件分析出：凶手具有性功能方面的障碍；没有鸡奸，并不代表不想鸡奸。另外，FBI还认为凶手是个容易失控的人，他控制不了自己的情绪。这种心理特质的人很容易在案发后折返现场查看，因此警方在案发现场附近埋伏了很多警力。

（3）第三案

肖恩·布罗迪，13岁，初中生。1983年12月2日，肖恩放假回家路上不幸遇到了“好心人”约翰，他用花言巧语骗肖恩上了车，说送他回家。

可怜的肖恩相比前两个被害人注定更惨。约翰在车中抓起肖恩的头朝前方猛撞，待其昏过去后，约翰将其带回了家，先是虐打，之后用刀砍死、虐尸。最后约翰将尸体扔在郊外的一条河中。小肖恩的尸骸在第二年1月才在格兰德艾兰的邻县被找到。

（4）落网——FBI的精确定位

早在第一案，FBI就认为凶手很可能是生活遭遇了某些重大事故，促使其发展出杀戮的倾向，而数据库支持凶手很可能经历了失业等打击。

综合了第二案的行为逻辑，FBI认为：凶手不是本地人；凶手单身，独居，学历不高，目前是失业状态，即使有工作，也只是临时性质的工作；凶手不是个高智商犯罪人，但也不会太蠢。FBI划定了一个凶手的模拟推测居住地（具体资料不明）。

警方根据这套报告的结果，对模拟推测居住地的两个社区进行了规模性的调查，寻找一个身体瘦弱，个子不算太高，独来独往，刚搬来不满一年，有自己汽车的白人男子。最终筛选出16个符合条件的男子。

FBI对这16个男子的工作、不良记录进行了调查，最后把视线成功地集中在有多次故意伤人记录的约翰身上。

约翰·裘伯特，22岁，身高1.67米，体重63千克，他的外貌、职业、年龄完全符合FBI侧写报告结论。

水落石出终有时。警方对约翰进行了调查和初步传讯，并要求对其住宅进行搜查。警方在其卧室隔间找到了一个袋子，里面有：多条绳子，部分带血；数把猎刀，检验后有血痕反应。找到这些东西后，坐在审讯室的约翰坦白了一切，并交代了尸体还未被发现的第三个被害人的抛尸地点。

最终的鉴定结果也证明了其犯罪事实：绳子上的血迹来自第一个被害人丹尼·罗伯特，几把猎刀上均有三个被害人的混合血迹。

考大家一个小小的刑侦学知识点：像猎刀上那样极其微小的血迹（肉眼不可见），能不能用来做DNA鉴定呢？请先思考，答案会在后面公布。

1984年1月12日，警方向社会宣布格兰德艾兰连环杀人案全案告破。1984年12月，内布拉斯加州高级法院当庭宣判约翰·裘伯特死刑，但后来经过上诉，死刑被允许暂缓执行。1992年3月，年仅31岁的约翰·裘伯特被移送到州立监狱总部执行电椅死刑。

从他入狱到死亡，他的母亲都没有出现过。但我们都知道，这个让人胆战心惊的恶魔的产生，怎么可能和她没有丝毫关系？能做到从头到尾冷眼旁观的母亲，童年对孩子教育充满暴力和忽视的母亲，究竟为恶魔的产生提供了多少“养料”？这应该作为我们思考的重点。

二、犯罪心理简要分析

1.犯罪心理成分分析

约翰·裘伯特的主要犯罪心理成分=连环杀手的杀戮欲望+潜在的、尚未成形的性欲倒错障碍。

2.详解

正如开篇所提到的，这个案例中，有两种驱动力在驱动行为：杀戮的欲望和性欲望。两者从独立成分逐步转化为一个整体，但前者一直占据主导地位。我们反观约翰·裘伯特的童年和青春期，充满暴力色彩的幻想从他7岁就开始产生，并表现出一个动态的发展过程：7岁幻想杀死保姆，13岁幻想杀死小女孩，青春期及以后幻想杀死小男孩。幻想发展成形后，只需要一点机会和情绪，就可以发展为行为。

可以认为，相处多年的同性恋人的背叛是带来愤怒情绪的主要原因。另外，从三个案子的手法来看，可以发现：约翰总是把杀人放在实施其他行为的前面；第一案是机遇型的作案，第二案、第三案是主动“狩猎”；第一案看似虐尸，实则是分尸未遂，第二案是主动虐尸，且程度更夸张，第三案则是实实在在的虐杀。

这可以说明：“杀戮”的优先级高于其他行为，符合连环杀手的发展模式。约翰“由杀入性”，自身性功能障碍，但在杀人的过程中很可能找到普通性行为的代替行为——虐尸、虐杀。

一般来说，连环杀手性侵犯的两大机制是：初级机制性侵、威胁等，性高潮的代替机制。

很明显，约翰找到了这种代替机制。这种代替机制通常伴有折磨、虐待、食人、刺伤、肢解等，是一种间接性满足。通过伤害被害人的身体来获得快感，被害人的尖叫、鲜血等共同塑造了凶手的性体验。

这种代替机制可以视为施虐淫癖的一种表征，但不足以诊断凶手就是性欲倒错障碍个体。所以笔者称之为一种“潜在的”“尚未成形的”性欲倒错障碍。

FBI前探员威利对这种代替机制有以下阐述：仿佛有两种男性的冲动同时在撕扯女性。一种冲动想把她们推开，让她们位于臂长之外；另一种冲动想深入女性的身体，尽量和她们靠近。两种冲动可以在杀戮中合二为一，即男人推开女人（将其杀死），同时与其亲密接触（用刀、棍棒等刺入其身体）。一旦虐杀目标，犯罪人就可以解放了。

犯罪心理这一部分还有最后两个问题：本案有没有代偿泄愤的色彩？为什么约翰要选择小男孩作为猎杀对象？

笔者的答案是，约翰的杀戮之举有泄愤的成分，但不是代偿杀人的模式。之所以选择小男孩作为猎杀对象，是因为其从小具有懦弱性的人格特质和认同强者的内在逻辑。

从小被人轻视、忽视的约翰，是一个胆小、懦弱的人，特别是来自母亲的轻视，让约翰觉得自己一无是处。当然，他也主动攻击过自己潜在的“情敌”扎克利，结果是被揍进了医院。

这一切都让约翰很自卑。这种懦弱的性格特质，让他不敢去寻找比自己强大的代偿个体，认同强者也是这个道理：当一个人受到强者的压制，由于自身无法摆脱困境，通过心理过滤反馈，反而将这种强者必然压制弱者的错误逻辑合理化，当心理郁积成疾，行将崩溃之时，便会选择伤害弱者（小男孩），而不是反抗强者。他的虐杀，其实是在杀死弱势、自卑而平庸的自己，从而获得强者心理，平衡内在。

回到之前那个问题：像本案证物猎刀上那样极其微小的血迹（肉眼不可见），能不能用来做DNA鉴定呢?

所谓“天网恢恢，疏而不漏”，在实际办案中，血迹物证是很难被完全除去的。现代的PCR技术（聚合酶链式反应技术）、STR技术（短纵列重复序列技术）理论上只需要单一细胞就能进行血型鉴定和DNA分析。因此，哪怕是非常细微的血斑，也可以用来做DNA鉴定。

特别专题：犯罪心理侧写、画像的发展和研究现状

从本案的侦破不难看出侧写有很大的功劳，特别是对凶手居住地的地理刻画。其实，侧写源于FBI过去的行为调查科（BSU）。最初这个机构只不过研究绑架案件的心理学因素，而随着研究的深入，专家们开始转向对各类犯罪的心理探讨，特别是20世纪极其严重的“连环杀手模式”。从1964年开始，小组不断扩大，对各类犯罪进行分门别类的资料整理和数据库汇总，包括犯人童年记忆、作案细节、动机、遭遇等一系列问题。

可以说，这些数据是FBI心理侧写系统的基础。

随后的几十年，小组成员继续在全国访问大量的犯人，分析他们的心理动机，并进行详细的记录。他们寻找的不是证据，而是信息，即每一个犯人的行事方式、心理状态都能为犯罪行为的研究提供新的资料，而这些资料也会反过来成为犯罪心理画像最为坚实的基础。于是，每当一个新的案件出现，探员就可以从信息库中迅速查找以前的相似案件，进行同一性分析、概率划定等。

现在，随着数据库的不断扩大，FBI侧写的准确度已经可以达到一个较高的水平。侧写的步骤要求也越来越严格，特别是对于一些系列案件。

但是，也不要神化侧写。多数案件里，侧写没有帮助警方直接锁定嫌疑人。从美国的办案全局来看，心理侧写只是众多侦破环节中的一环。警方的走访，实验室的证物鉴定，这些都是重要的环节，没有这些，侧写也不靠谱。

就像20世纪70年代时，侧写只是警方无奈之时才求助的方式：当侧写正确了，警局就狠狠夸一夸FBI；当侧写和真相差十万八千里，警局会觉得“那也没事”。

FBI的道理就在于：他们没有奢望侧写变成一门严谨的科学体系。就像美国特工、侧写专家约翰·道格拉斯所说的：“侧写重在判断力，基于事实和线索，个人分析很重要。”也就是所谓的“一半基于科学，一半基于艺术”。就我国而言，从事心理画像的专业人员比较少，办案还是以传统的模式为主。

第二章

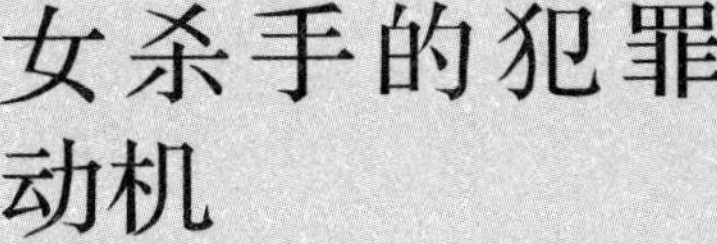

女杀手的犯罪动机

4

弑夫毒妇——黑寡妇连环杀人案

世界上有一种奇特的蜘蛛，这种蜘蛛的雌性比同龄的雄性个头要大得多。交配之后，产卵之前，两只蜘蛛就会结一张结实的网，结网之后的雄蜘蛛会筋疲力尽地和曾经一起共度云雨之欢的雌蜘蛛依偎在一起。然而雄蜘蛛不知道，和它依偎在一起的雌蜘蛛会在某一瞬间毫不犹豫地吃掉它。吃饱之后的雌蜘蛛会待在蛛网中心，生下自己的后代。虽然这在很大程度上是天性使然，但这种食戮同类的行为还是让人不寒而栗。

然而，这种现象不只会出现在动物的世界里，在人类社会，也有这样的“黑寡妇”存在，为了满足自己那些畸形的物质需求和心理需求，她们会毫不留情地杀害和自己很亲近的人。

这一节我们要说的贝尔·斯多赛特就是“黑寡妇”中的典型。

一、罪案全貌概述

1. 案件基本情况一览

主要嫌疑人：贝尔 · 斯多赛特。

作案时间：1900年7月开始，结束时间不明。

作案地点：芝加哥、印第安纳州。

被害人数：至少14人。

杀人手法：毒杀、纵火等。

2. 身世

1859年11月22日，贝尔 · 斯多赛特出生在挪威一个叫塞尔布的小村庄。她的原名叫布莱恩海尔德·波尔斯达特·斯多赛特，她的父亲和母亲都以务农为生。因为家里太穷了，贝尔很小的时候就给周围的农场放牛、挤牛奶。

22岁的时候，她离开了家乡，原因大致是她感觉留在家乡自己的未来似乎注定只能待在草原上，放一辈子牛，当一辈子农妇。但是她不甘心，决心靠自己来改变贫困的命运。最后，她来到美国，暂住在芝加哥的姐姐拉里·拉尔森的家中。

另外，由于“布莱恩海尔德”这个名字实在太拗口，于是她把名字改成了贝尔，意思是“美貌的女子”。实际上她的外貌确实说得过去，她很快就找到了一份在某富豪家里做女佣的工作。

在工作期间，贝尔意识到金钱的美好——富丽堂皇的卧室、从来没见过的奢华正餐、闪闪发光的吊灯，还有雇主身上比她的皮肤还要光滑的绣花绸缎睡衣……这一切都吸引着贝尔。

尽管女佣的房间已经比贝尔原来家里的农舍整洁、漂亮得多，但是贝尔已经看到另一种生活，她无时无刻不在憧憬和失望中煎熬。很多移民将暴富的希望寄托在自己的孩子身上，但贝尔不这样想，她觉得她的生活要靠自己去改变。

1884年是贝尔来到美国的第三年，这一年的6月她和商场保安马克斯·索恩森结了婚。从此以后，一些非常“诡异”的事情就开始出现在他们身上。

3.“厄运”缠身

马克斯在铁路公司找到了一份比原来当保安好点儿的工作。他每个星期能赚12—15美元，但是贝尔心中憧憬的那种生活方式靠马克斯的薪水仍然无法实现。

结婚两年后，他们有了些积蓄，并在芝加哥开了一家糖果店，糖果店的生意虽然平平淡淡，但也勉强可以糊口。不到一年，糖果店所在的楼突然失火，所有的东西都被烧得干干净净。

所幸马克斯夫妇曾经买过一份保险，贝尔对保险公司的调查员说火灾是煤油灯爆炸引起的。虽然调查员在废墟里并没有找到那盏引发爆炸的煤油灯，但保险公司还是赔偿了马克斯夫妇的损失。

一波未平，一波又起。同一年他们的大女儿，不到1岁的卡罗琳不幸因病夭折。同样，保险公司付给了马克斯夫妇一笔钱。马克斯夫妇用保险公司赔付给他们的钱，在芝加哥郊外的奥斯丁买了他们的第一套房子。

1898年，他们不到1岁的儿子艾克 · 希尔也死于和卡罗琳一样的先天性疾病。和上次一样，保险公司调查员对马克斯夫妇十分同情，他们又得到了一大笔钱，购买了第二套房子，比第一套大得多。

但是，倒霉的事好像并没有结束。1900年8月29日，马克斯死在了这套新房子里。第一个赶到的医生是莱斯利，他怀疑马克斯是中毒而死的，但是马克斯的家庭医生说马克斯有心脏病，本来就有随时死亡的风险。这一次，贝尔又得到一笔将近一万美元的赔款（在当时算巨额赔款了）。

1901年，贝尔家再次失火，保险公司又赔给她5000美元。带着这些钱，贝尔和两个孩子离开了芝加哥，来到印第安纳的拉波特县。

让我们先简单地回顾一下贝尔在芝加哥的遭遇：糖果店遭遇火灾（获赔），女儿夭折（获赔），儿子夭折（获赔），丈夫死亡（获赔），家宅失火（获赔）。失火两次，三个家人“意外”死亡，五次获赔。

这些不幸让贝尔摇身一变成了个富婆。在拉波特县，贝尔很快就看上并买下一座将近40万平方米的农庄，还雇了一个年轻的女佣，开始了她的“新生活”。

4.新的生活

贝尔太太搬进了新居，幸福的生活开始向她招手。她住在一栋豪华的四层楼房里，房子里有6个卧室，一个宽敞的饭厅，一个很大的厨房和一个高高的地下室，房间里到处都是明亮的水晶灯。

虽然农庄的活很繁忙，但贝尔还是有很多时间来考虑自己的幸福。这时候的贝尔虽然已经40多岁，但在旁人看来风韵犹存，大家都说她有一头光洁的长发和一双亮闪闪的眼睛。当她穿上丝绸外衣，戴上钻石耳环，走在拉波特县的街道上时，几乎每个男人都会回头看她几眼。因此，搬过来没多久她就和一个名叫彼德·甘宁斯的单身父亲结婚了。

两人结婚的日期是1902年4月1日，但在他们结婚不到一星期后，彼德不到1岁的小儿子突然死了。

这还没完，在孩子死后不到4个月，彼德也死了。他的头上有一道很明显的伤痕，验尸官认为彼德无疑是因为头部受伤去世的，但贝尔解释彼德是从一个梯子下走过，梯子上的重物落下把他砸伤的，他头痛了一晚上，第二天就去世了。

这个解释在我们看来简直滑稽可笑，但警方看着悲伤的贝尔不忍心追问，也没有继续调查。后来贝尔的女儿在和其他孩子玩的时候说，她看见妈妈用一把大刀砍在彼德头上。

但是没有人会在意一个小孩子的话，大家都觉得贝尔是个很好的人，而且她已经怀上彼德的孩子。彼德的死亡最终被归结为意外事件，拉波特保险公司给了贝尔3000美元的赔偿。

1908年2月，贝尔和一个叫乔尔·迈克森的教师结婚了。

5.“灭门”

1908年4月28日凌晨，睡在三楼的乔尔被屋外的亮光惊醒，朝窗外看了一眼之后，他彻底清醒了过来——房子起火了。他开始大声呼救，在清晨的寂静中，乔尔的声音传得很远。

很快，周围农场的邻居就纷纷骑着自行车赶来，但火势太猛了，房子几乎变成一个大火球。等到斯穆茨警长带着消防队员赶来的时候，连房子旁边的榆树都已经被烧焦。最后剩下的只有一片废墟。警方在废墟中找到了五具尸体，一男四女，初步认定是乔尔、贝尔，还有他们的三个女儿。

当晚，乔尔在四楼的房间，而贝尔则带着三个女儿在三楼的房间。奇怪的是，虽然尸体都被烧焦，但身高最大的那具女尸没有头颅。斯穆茨警官推断，凶手杀死他们之后放火破坏了现场。这不是一起简单的火灾，而是一起谋杀。

斯穆茨很快就找到一条线索：在火灾前两天，贝尔去见过她的律师，还立了遗嘱，要将自己所有的财产留给自己的孩子。她还跟自己的律师莱利特说，她很害怕自己以前雇的一个农场工人拉斐尔，他曾威胁说要杀了她并烧了她的房子。

警方立刻展开对拉斐尔的调查。拉斐尔是个木匠，1906年贝尔找到他，要他到她那里去做帮工。虽然拉斐尔是个无可救药的酒鬼，但是他的木匠活干得很不错。没过多久，喝得醉醺醺的拉斐尔就开始跟别人吹嘘，说贝尔主动向他投怀送抱，还送给他手表、帽子作为礼物。

在当地，也有人看到他们手挽着手一起散步。但是，就像他们的亲密关系出人意料一样，1908年年初，贝尔突然将拉斐尔解雇了。差不多所有人都听过拉斐尔喝醉后扬言要杀了贝尔，但在火灾发生之前，没有人当真。

在警方询问拉斐尔时，他竟然一问三不知，也不承认自己和这起火灾有关，还反问几个孩子怎么样。但是因为他无法提供任何有效的不在场证明，而且有人说看到他当晚在贝尔的农庄附近，所以警方把他作为重点嫌疑人监管，认为他是因妒生恨杀了贝尔一家。

6. 失踪的安德鲁

火灾过后不到4天，5月2日，斯穆茨警长的办公室来了另外一个客人。

他自我介绍说他叫埃塞尔 · 海尔格林，是因为自己的哥哥安德鲁 · 海尔格林失踪才找到这里来的。

埃塞尔说安德鲁是1908年1月到拉波特来的，他在一份报纸上看到贝尔登的一则征婚广告，她想要找个丈夫，安德鲁看了贝尔的照片后很满意，两个人通了很长时间的信，安德鲁确信自己一定会和贝尔结婚，他将自己在南达科他州银行里的所有积蓄都取了出来。而在安德鲁留下的信中，埃塞尔还发现了贝尔寄给安德鲁的一片四叶信笺，按照挪威的习俗，这是订婚的标志。

后来，当埃塞尔在新闻报纸上看到贝尔农场失火案后，他坐不住了，报纸上只字未提他的哥哥安德鲁，于是他亲自赶到这里来调查到底是怎么回事。

警长开始翻看埃塞尔带来的信件。贝尔的信写得土里土气，她将自己描述成一个善良的挪威妇女，希望找一个忠诚的丈夫，能够和她一起承担家庭的责任。

随着贝尔和安德鲁通信关系的不断深入，贝尔开始越来越多地提到钱的问题。当安德鲁在他的信里表示自己准备去找她之后，贝尔的回信显示了她老到的经验和贪婪的性格。

她写道：

亲爱的，别和其他人说你要到我这里来。把那些值钱的东西带来吧，能拿的你就拿到这儿来，我保证在这里你可以把它们卖个好价。别把你的钱或是股票留在家里了，你就完全自由地到我这里来吧。

在另一封信里，她又说：

亲爱的，不要通过银行来汇钱，现在这些银行都不值得信任，请把你所有的钱都换成纸币，面额最大的那种，然后把它们牢牢地缝在你的内裤里，小心一点儿，缝得细一些。千万不要告诉任何人，包括你的亲戚在内，让它成为我们俩之间的一个小秘密。也许我们将来还会有很多小秘密，你说呢？

看完这些，斯穆茨警长想到了那具没有头的尸体，他也有些疑惑了。实际上，在拉波特县很多人都有疑惑，特别是贝尔的邻居们，他们早就注意到有很多看了征婚启事来的男人最后都不见了。

更奇怪的是，贝尔说他们都是晚上离开的，但是有人曾看见她在地里干活的时候戴着那些人的帽子，或者穿着他们的外套。还有，当初那个女佣去哪儿了呢？贝尔说她去一所学校教书了，但那所学校根本没有登记她的名字。斯穆茨警长越想越觉得奇怪，他开始组织一部分人对贝尔的农庄重新进行调查。

7.“废墟之下”

在贝尔家的废墟里，警察们不断地找到可疑的东西，有男人的手表、男人外套上的纽扣，还有男人的钱包（当然，里面是空的）。渐渐地，警方找到的东西变得恐怖起来，开始是一根人的肋骨，然后是一只胳膊。

6月8日，警方在农场一个垃圾处理地发现了异常。挖出的土里散发出越来越浓的臭气，继续往下挖，土里便露出一条人的手臂和一些包裹。当他们将所有油布和麻袋里的东西清理出来后，站在一边的埃塞尔看着地上那个人头和上面的眼睛，惊恐地说那就是他的哥哥，随即蹲下去以手掩面哭了起来。

安德鲁那被肢解的尸体，手臂、腿、头以及其他部分，被人匆忙地扔在油布和破麻袋里，现在就摊放在他的脚边。

随后，警方对这个区域进行了一天一夜的挖掘。到天亮的时候，他们挖出了4具尸体，都和安德鲁的状态差不多。

其中一个女人就是那个失踪的女佣。她那一头美丽的金色长发让人们伤感地意识到，这个漂亮的年轻女孩就在他们的眼皮底下被人杀害了。警方推测她是察觉到贝尔的异常举止，在她还来不及讲出的时候，就被残忍地杀害了。

消息很快传遍了整个城市，拉波特县变成了一个热闹的地方，越来越多收到过贝尔信件的男人联系警方，还有很多调查人员来到拉波特县。

到6月23日早上为止，警方合计挖出14具尸体，其中有12名男子和2名女子。这些人经过两个月的身份确认，一部分是来征婚的，另一部分是来当帮工的。

比如一个叫奥利·巴斯伯格的男人，他是看了贝尔的征婚广告来的。他于1907年4月26日来到拉波特县，还在县里的银行兑现了2000美元的旅行支票。那几天还有人看到贝尔和他一起散步，但是很快他就消失了。奥利的母亲曾给拉波特县的银行写信询问他的消息，但是当银行职员找到贝尔夫人的时候，她说奥利已经回俄勒冈州去了。

接下来，警方展开了对那具无头女尸的调查，一开始大家都认为那是贝尔的尸体，但是现在都持怀疑态度——尸体和贝尔的身高、体形都相差甚大。

很快，记者们的视线转到了贝尔已经死亡的前夫身上。一个芝加哥的记者采访了马克斯的医生米勒大夫。米勒大夫说他一直怀疑马克斯可能死于中毒，但是在马克斯死亡后，像所有普通人一样，面对涕泗滂沱的贝尔，米勒大夫不想用自己的怀疑加深这个女人的"痛苦"，所以没有深究。

但是，米勒大夫心里的疑惑一直没有消失，因为马克斯死的那天实在太巧了——那是他的前一份人寿保险合同到期的最后一天，也是他新的人寿保险合同开始的第一天。因此，贝尔可以得到双份的保险补偿，对一个想要谋财害命的人来说，这一天再合适不过了。

至于她第二个丈夫（彼德）的死就更加离奇了，警方很难解释为什么他会突然被梯子上的重物砸死。

8.她就在那里

1908年10月，拉波特县的居民们都在思考这样三个问题：

- 大家都认定贝尔是个杀人不眨眼的“黑寡妇”，但是她在哪儿呢？
- 废墟里那具和她的三个孩子在一起的女尸到底是不是她呢？
- 是不是贝尔发现自己的行径即将暴露，才故意杀了自己的三个孩子，并用一具别人的尸体来顶替自己呢？

那具女尸没有头，因而在那个年代没有办法鉴定她是谁。但是陪审团都认为她的身材看起来太小了，贝尔身高1.7米，体重约50千克，而那具女尸只有1.6米，在缺少一个头的情况下，重约34千克，两者的差距实在太大了。

1908年11月，法庭上的争论进入了最后阶段。即使大家都相信贝尔身上背负的罪过，但因为找不到她，无法将其定罪，最后法官只好宣判拉斐尔有纵火行为，判其入狱两年。

1912年6月，拉斐尔重病，他找到警方，临死之前告诉警方三个重要信息：

- 在贝尔农场着火的那天是他赶着马车送贝尔去了14.5千米外的斯蒂维尔，在那里贝尔坐火车去了芝加哥。

● 那具无头女尸，是贝尔在当地酒吧里见到的一个女人。她雇用了那个女人在农场做帮工，那天晚上，贝尔杀死了她和自己的三个孩子。在贝尔离开后，拉斐尔按照她的吩咐点起了大火。（这个女人后经警方查证确实已经失踪）

● 拉斐尔承认他还曾帮助贝尔处理其他尸体，但没有参与谋杀。过程大致是贝尔在掏空了他们的钱包后将他们毒死，然后用刀砍击他们的头，以确定他们已经死亡，最后他们会被肢解，用油布或麻袋包着扔进垃圾堆。

芝加哥警方在得到这个消息后，一直在寻找这个杀人无数的“黑寡妇”，有很多人声称自己见到了贝尔，但一直没有结果。

贝尔到底在哪里？大概无人知晓。但是贝尔的形象已经和其他事物一起，成了拉波特县和美国犯罪史的一部分。

拉波特县从一个无名小镇变得举国知名，在1950年新的楼房建起之前，贝尔农场的原址边上经常会看到驾车来观光的外地人，甚至拉波特县万圣节的一个魔鬼形象就是贝尔。孩子们把自己打扮成胖胖的贝尔的形象，穿着丝质长裙，手里捧着南瓜做的糖果盒四处敲门。

每当人们看了拉波特县历史博物馆里那些关于贝尔的展品，都不禁为这里曾发生的恐怖、残忍的故事感到震惊。当对金钱和欲望的追求成为唯一的目的时，足以使一个女人变成恶魔。

那么，当一个人一天天沦为欲望的囚徒时，揽镜自照，是不是能发现自己脸上的变化呢？

二、犯罪心理简要分析

动机产生在需求的基础上。一般来说，女性犯罪人的犯罪行为基本上出于下面三个动机（图2–1）：

- 由虚荣心、享乐心引起的物欲型动机（较多）；
- 由情感需要、自尊和嫉妒情绪引起的报复型动机；
- 由畸形性需求引起的性欲型动机（较少）。

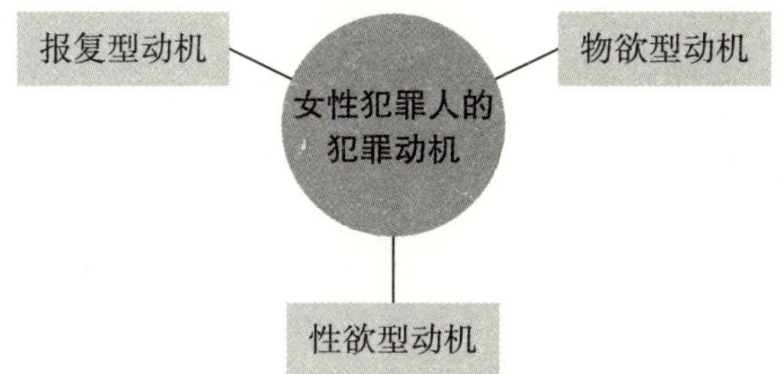

图2–1　女性犯罪人的常见心理动机

引起贝尔犯罪行为的主要是物欲和她后期形成的畸形杀戮欲望，即贝尔·斯多赛特的主体犯罪心理成分＝极端的物欲型动机＋畸形的杀戮欲望。

1. 极端的物欲型动机

对于贝尔来说，极端的物欲型动机应该是最为原始的驱动力。她受尽贫穷的痛苦，贫穷的童年经历让她印象深刻、痛苦万分，再后来她在雇主家中看到那富丽堂皇的一切更是让她的这种需求不断膨胀。她不甘于贫穷，但苦于没有摆脱贫穷的途径。

贝尔的物欲型动机被彻底激发主要是最初的三笔赔偿金：贝尔经营的糖果店毁于大火，大女儿卡罗琳夭折，儿子艾克夭折。对于第一起火灾，至今看法不一，有学者认为这是意外，但也有学者认为这是贝尔自己策划的。

笔者个人倾向于这是一起意外，但这起大火带来的利益却是引爆贝尔欲望的起点，原因是有人曾经计算这场意外为贝尔带来的经济利益，结果是贝尔的获利不到400美元。而这次火灾之后两个孩子的不幸去世（的确是先天性疾病），这种“意外”却给贝尔带来了巨大的物欲满足，让她买了一套比之前大得多的房子。

或许是这种亲人离去带来的物欲满足让贝尔有了一些“想法”，下一个死亡的便是她的第一个丈夫马克斯·索恩森。从此，贝尔罪恶的屠戮就开始了。

在之后的犯罪行为中，贝尔的目的主要是钱财。她会获得被害人身上所有的财物，然后将被害人杀死。和正常人贪财不一样，这是一种病态的、畸形的、无限膨胀的贪婪。

2.畸形的杀戮欲望

贝尔喜欢杀人吗？当然。贝尔的杀戮欲望要从最后一起案件去思考：为什么她要杀了自己的全家人？

如果是因为察觉到自己的犯罪行为被发现，她完全可以赶在被调查前带着家人和巨款逃到其他地方，但她没有。警方调查的结果是她的所有财产只有一部分被秘密带走，很多财产都留在了贝尔农庄里。

因此我们可以看出，对于这个时期的贝尔来说，她的需求已经不只是财富，还有另一种需求开始出现，甚至后来居上。这种需求就是对嗜杀的渴望，一种成瘾性的心理需求。哪怕被害人是自己的至亲，只要能够满足这种畸形的需求，她就在所不惜。

贝尔这种犯罪心理成分变化为我们揭示了一个十分常见的动态变化过程。一开始犯罪人不乐意杀人，但为了满足其他某些利益需求不得不杀人。但是在多次杀人后他们获得了“奇特的刺激”甚至快感，杀人成性，开始滥杀无辜。贝尔在后来的一些被害人（特别是那些帮工）身上根本抢不到什么钱，但她仍然乐于诱骗并杀害他们，就像着了魔似的滥杀。

其实这也是多数连环杀手的情况："后来，我就开始乱杀了。"

三、女性连环杀手的世界

连环杀手的世界并不是男性的专属，有时也会出现女性的身影。一般来说，每出现五个连环杀手，就有一个是女性。

根据FBI的数据，女性连环杀手一般具有以下特点（或然性）：多数为白人（95%）；平均年龄为30岁；社会阶层一般为中上阶层；多数女性连环杀手作案的第一动机是物质利益（71%）；寻求性欲宣泄的女性连环杀手极其少见（6%）；多数有同谋（69%），同谋一般为男性（83%），且男性常常会占主导地位；具有迷惑性、欺骗性；犯罪过程中性色彩、情爱色彩明显（女性连环杀手的犯罪行为与性关联性很大，比如以色相勾引为手段哄骗被害人上钩）。

如果把女性连环杀手做一个简单的分类，大致情况如图2–2所示：

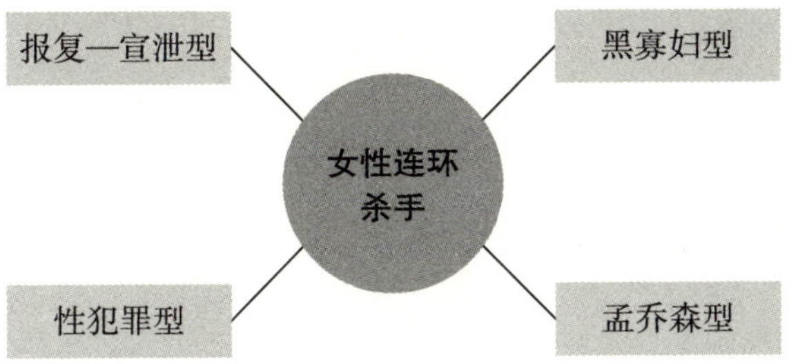

图2–2　女性连环杀手的常见类型

从占比上看（图2–3）：

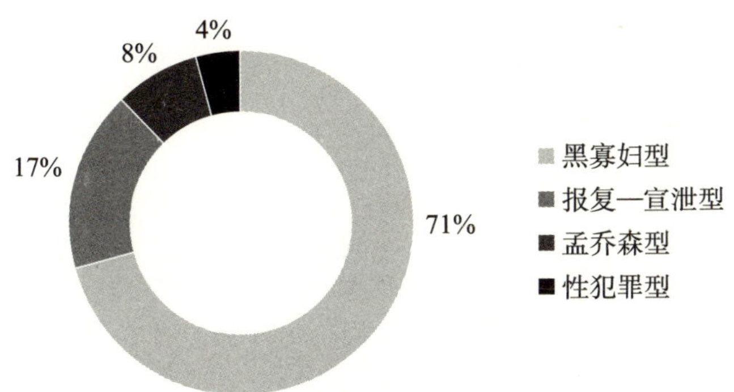

图2–3　不同类型的女性连环杀手占比

主要来说：

- 女性连环杀手符合女性犯罪人的基本特点，支持物欲型动机为主的特征，因此黑寡妇型连环杀手占比最高；
- 以报复—宣泄为主要动机的女性连环杀手占比较大，体现了女性犯罪人的情绪化特质；
- 性犯罪型女性连环杀手和孟乔森型女性连环杀手比较少

见，但极端恐怖。

下面展开介绍。

1. 黑寡妇型女性连环杀手

主要代表人物：贝尔 · 斯多赛特。

此类连环杀手杀人呈现出的特点有：

- 所杀之人或多或少与自己有关系，而不是挑陌生人下手；
- 所杀之人多为自己的至亲（亲人或爱人）；
- 杀人手法常为毒杀；
- 主要动机是物欲型动机。

2. 报复—宣泄型女性连环杀手

此类连环杀手杀人呈现出的特点有：

- 意志受情绪影响极大，犯罪行为带有明显的情绪色彩，当负面情绪累积高涨时，其犯罪意志和意图会变得极其坚定，不达目的誓不罢休；
- 满足一般连环杀手的特点，所杀之人一般和自己无关，但均具有一定的共同特点和形象可以满足其代偿杀人的心理需求；
- 物质利益可能是其中一种犯罪驱动力，但不是主要驱动力。

相关案例：艾琳·沃诺斯连环杀人案

艾琳·沃诺斯的童年是悲惨的。在她4岁时母亲就离家出走，她的父亲利奥·达尔·皮特曼是个恋童癖，在她出生两个月时他就因涉嫌性侵一个7岁的女童入狱了（后来被处以绞刑）。

更加可悲的是，这个“父亲”不是她的亲生父亲。13岁的时候她才知道她的生父是自己的外祖父，但这个亲生父亲是个家暴男，对艾琳的教育方式就是拳打脚踢。喜欢喝酒的他甚至会在喝醉之后性侵艾琳。

14岁那年，刚刚长成婷婷少女的艾琳遭到亲生父亲一个朋友的性侵犯（据说事先得到了这个亲生父亲的许可）。不久后，艾琳发现自己怀上了孩子，被迫产子。15岁时，艾琳被赶出家门，她无法生活，只能靠出卖肉体来获取生存的资本。

谁能想到16岁之后就算是出卖肉体，艾琳也难逃被性侵的命运，因为一些“客人”根本不愿意给钱，她就这样被性侵了很多次。艾琳对男性产生了深深的厌恶情绪。她对男人绝望而憎恨，这使她开始频繁地与女性交往。

13岁知道自己的亲生父亲是自己的外祖父，14岁被性侵产子，16岁后又被性侵至少5次……这些足以让一个心智健全的人崩溃。

1989年至1990年，艾琳开始在佛罗里达州高速公路旁揽客，为长途货车司机提供性服务。她先是骗取这些司机的信任，然后让被害人帮忙，在上车后她会用枪挟持，最后将其杀害，抛尸荒野。这种对男性充满指向性的杀戮只是为了报复男性和宣泄愤怒。她在不到一年的时间里共枪杀了7个男人。

被害人1：理查德 · 马洛里，电子产品商店的老板，被害于1989年11月30日。理查德赤裸的尸体在州际公路旁被人发现。

被害人2：大卫 · 斯皮尔斯，时年43岁的重型机器操作员，尸体于1990年6月1日在州际公路上被发现。

被害人3：科里森 · 罗塔斯，这个被害人是关键所在。这个被害人被发现的时候已经确定了第二个被害人。这个被害人的尸体严重腐烂，警方花了相当长的时间将其与前两个被害人联系起来，确定是同一个凶手所为。

被害人4：彼得 · 西姆斯，推销员。艾琳作案时汽车坠毁了，她迅速逃离了现场，但是遭到了证人的追踪。被害人家人证实，当年6月7日见过他最后一面，之后再也没有见过他。车辆内部表现出挣扎的迹象，并产生了许多手掌印和手指印。不过由于尸体没有找到，证据不足，艾琳未被指控。

被害人5：尤金 · 布瑞斯，时年50岁的送货司机。1990年7月30日，尤金的老板注意到他的失踪，他当天没有完成送货工作。次日，尤金的送货卡车连同他被遗弃的尸体被发现。

被害人6：迪克 · 克尤，时年56岁。迪克的妻子于1990年

9月11日向警察局局长报告了丈夫的失踪情况。他的尸体被发现于报警后的第二天晚上，尸检发现迪克死于枪杀。

被害人7：沃尔特·安东尼奥，时年60岁的卡车司机，尸体在被报失踪两个月后被发现，赤身裸体。

3.孟乔森型（MSBP）女性连环杀手

孟乔森是一位18世纪的德国男爵，他参加过很多战争，在和别人聊天时他很喜欢加入一些夸张化的经历，而且他很喜欢通过装病来得到别人的关心。

孟乔森替代综合征正是源于此人，是一种通过描述、幻想疾病状况，假装有病甚至主动伤害别人来获得外界关心和同情的精神失常。这一心理疾病经常会带来很多儿童虐待事件，更可怕的是其时常出现在母子或父子之间。

母亲虐待自己的孩子是让人很难理解的事，更不要说这样做只是为了获得更多的同情，不惜让孩子承受痛苦的医疗过程。因为MSBP产生的女性连环杀手最典型的就是玛丽贝丝·泰宁。

玛丽贝丝的每个孩子死亡后，她都会大办丧事，但是她看上去并不悲伤。正像一个家属所说的："这（葬礼）对她而言就好像一场派对，她甚至没有流过一滴眼泪。"

对于MSBP类型的女性连环杀手，主要可以归纳出以下特点：

- 犯罪人很喜欢观看被害人所遭受的折磨；
- 在被害人接受治疗时，犯罪人喜欢参与其中；
- 犯罪人把被害人（通常是儿童）送到医院后通常会表现出相当程度的镇定；
- 被害人和犯罪人通常是母子关系。

4. 性犯罪型女性连环杀手

性犯罪型女性连环杀手内在的驱动力通常是最恐怖的性欲倒错障碍，由于男性和女性患此病的比例是20：1（根据美国心理学会在2000年的调查），所以性犯罪型女性连环杀手是比较不常见的一个类型。

相关案例：伊丽莎白·巴托里连环杀人案

伊丽莎白·巴托里，她应该是历史上杀人最多的女性连环杀手。

犯罪人：伊丽莎白·巴托里。

作案时间：1602年至1610年。

作案地点：匈牙利王国（现为斯洛伐克）。

被害人数：至少80人（已证实）。

杀人手法：虐待致死、冻死、饿死。

巴托里家族在当时的匈牙利王国是一个非常显赫的家族。伊丽莎白是巴托里家族里一个战功赫赫的伯爵之妻，这个伯爵夫人在当时被称为“第一美人”，而且长相出众的她精通多门外语，总之，她是一个聪明且漂亮的女人。

因为丈夫常年在外征战，这个夫人就代理家中的一切事务。1604年，她的丈夫去世了，所以她有了为所欲为的权利。从1602年开始，伊丽莎白开出高价薪水，吸引城堡附近的民女前来当仆人，然后对这些人采取残暴至极的虐待手段。

巴托里伯爵夫人很可能在丈夫外出的时候虐待少女。在她的地下室里，她的四个仆人和她一起用各种方法折磨本地少女。

伯爵夫人在虐待仆人方面声名狼藉，即便极小的错误她也不会放过。伊丽莎白曾亲自动手撕开一个女仆的嘴，仅仅因为女仆缝纫的时候犯了个小错。每天都有女仆在城堡的地下室里遭受残酷的折磨。折磨年轻姑娘让伊丽莎白获得满足感，所以她不会错过任何一次机会。

在17世纪的匈牙利，折磨女仆并不算犯罪，只会被道德谴责。当她外出去其他贵族家做客时，伯爵夫人的第一件事就是要一个私密的房间，以便瞒着这里的主人私下折磨自己的仆人。

另外，被虐待的女仆大多有个共同特点，那就是胸部很大。伊丽莎白折磨女仆的行为有明显的性意味。在一次折磨女仆的过程中，女仆的鲜血滴落在伊丽莎白的手上，伊丽莎白感觉手上的皮肤“好像更洁白光滑”了，于是她开始用女仆的血液沐浴。

过了一段时间，伊丽莎白感觉用鲜血沐浴的效果貌似不太好。她把原因归结在女仆身上，认为这些女仆都是底层农妇，不够“高级”。所以她开始选择那些来城堡里学习礼仪的少女下手（这些少女都是被父母送来学习上流社会礼仪的）。

到后来，被伊丽莎白扔掉的尸体越来越多，很多都被抛尸在荒野和河流里。1610年，伊丽莎白的自我膨胀达到了巅峰。她认为自己具有无上的权利，没有人可以制裁自己，竟然开始肆无忌惮地从城堡上把尸体丢出去。

这样的事情最终被当地的农民联合告到了国王那里，面对最后的法庭传讯她拒绝出庭。匈牙利最高法庭判处其死刑，但后来还是迫于其家族的权势减刑为将其终身囚禁于她的城堡，直到1614年去世。

这个伯爵夫人身上具有十分复杂的性犯罪机制：

- 通过折磨和虐待来获取性快感；
- 通过杀戮来获得一种畸形的满足感；
- 通过杀人来确保自己凌驾于万物之上。

这种将血和性密切地联系在一起的行为，是性欲倒错障碍中施虐淫癖最突出的表现。

5

屠儿之魔猛于虎

俗话说“虎毒不食子”，比喻人皆有爱子之心，但让人遗憾的是，个别母亲竟然成为嗜血的恶魔，她们狞笑着，亲手将自己的孩子送上黄泉路，独自体会那毫无人性的罪恶快感。这一节笔者要介绍的就是匪夷所思的“屠子狂魔”。

一、罪案全貌概述

有一个被人们称为“恶魔母亲”的女人真名叫作玛丽贝丝·泰宁。1942年9月11日，玛丽贝丝出生了。她的家庭很普通，她也很普通，整个学生时代，她都没有什么出类拔萃的地方，但也不是那种很糟糕的学生。但值得我们注意的是，玛丽贝丝在高中时代多次尝试服药自杀，均未遂。在高中毕业后，她从事了一系列低薪的工作，最终成为医院的一名护士助理。

在1963年，玛丽贝丝在相亲派对上遇到了乔·泰宁，两人在恋爱两年后于1965年登记结婚。之后，他们的第一个孩子芭芭拉在1967年5月出生。1970年1月，第二个孩子约瑟夫出生。1971年，玛丽贝丝的父亲由于心脏病去世。同年，他们的第三个孩子詹妮弗出生。

由此，不幸正式开始。詹妮弗先天条件非常不好，身体非常虚弱，刚出生就需要作为重症监护对象，基本上从出生开始就没有离开过医院。而且她的生命只有短短的9天，最终死于血性脑膜炎和多发性脑脓肿。这个孩子是由于先天身体条件恶劣而夭折的。

在詹妮弗去世后的第17天，玛丽贝丝的大儿子约瑟夫也被紧急送到了医院。约瑟夫被送到医院时已经几乎停止呼吸，在医生的奋力抢救下，终于恢复了意识。住院10天后，约瑟夫得以出院回家。但离奇的事情是，当天下午，他又被紧急送回了医院。可惜这次约瑟夫没那么幸运，被送回医院时已经脑死亡。于是，玛丽贝丝失去了她的第二个孩子。

医生将他的死因归于病毒感染和“癫痫发作”，而且按照玛丽贝丝的要求没有进行尸检，所以这一结论根本没有得到最终的验证，而这本身是存在极大疑点的。

玛丽贝丝的一系列遭遇让周围的人议论纷纷，大家都抱以同情的姿态，还有很多人对她的家庭进行了探望和募捐。

但是不幸的事情并没有停止。约瑟夫去世6周后，4岁的大女儿芭芭拉也被紧急送到了同一间急诊室。据玛丽贝丝说，芭芭拉“发生了抽搐”。第二天，芭芭拉就死了。医院将其死因很简单地归于“捂热综合征”。

连续三个孩子去世，这个孩子的死亡引起了警方的关注，但是医院只进行了简要的死因汇报，仍然没有进行尸检，不了了之。

1973年感恩节，玛丽贝丝生下了一个儿子蒂莫西。1973年12月10日，蒂莫西被送到同一家医院时，已经死了。玛丽贝丝告诉医生，她发现他在婴儿床里一动不动，可能是死了，医生将他的死归因于婴儿猝死综合征（SIDS）[①]。而医院的医生很明显在尸检时不认真，或者是轻信了这个母亲的话，没有检查就做了判断。

1975年3月，玛丽贝丝的第五个孩子内森出生。后来，那

---

① 1969年在北美西雅图召开的第二次国际SIDS会议规定其定义为，婴儿突然意外死亡，死后虽经尸检亦未能确定其致死原因。

年秋天，他在外面的车里去世了。玛丽贝丝说她当时正开着车，小内森被放在副驾驶座上，当她注意到孩子的时候，他已经断气了。医生进行了简单粗略的检查，又把死因归于SIDS。

1978年，这对夫妇想要领养一个孩子，但是在领养还没有完成时，玛丽贝丝又怀孕了。但他们没有放弃领养计划，在迈克尔出生后不久，他们就收养了他。1978年10月29日，玛丽贝丝生下第六个孩子——玛丽·弗朗西斯。1979年1月，玛丽贝丝抱着玛丽直接穿过她公寓对面的街道，冲进急诊室，说婴儿癫痫发作，估计是死了。但和第一次一样，由于抢救及时，医生把她从死亡的边缘拉了回来，玛丽的病情在医护人员的精心照料下逐渐稳定下来，最后得以出院。

接下来的故事你应该可以想到吧。1979年2月20日，玛丽贝丝带着玛丽再次冲进了同一家医院，但是当时孩子已经脑死亡。据玛丽贝丝说，她当时在煮咖啡，去照看孩子时孩子已经失去知觉，她也不知道为什么会这样。最终，医生在鉴定报告中再次以SIDS总结了对孩子的检查。

在这年冬天，玛丽贝丝的第七个孩子乔纳森出生了。仅仅3个月后，玛丽贝丝就抱着乔纳森出现在圣克莱尔医院，称他失去了意识。这次乔纳森和玛丽一样，在医生的救护下恢复了生命体征，但是医生对于婴儿停止呼吸的原因非常疑惑，所以对乔纳森进行了非常细致的全身检查，可惜没有找到具体原因。

乔纳森死后不到一年，1981年3月2日清晨，玛丽贝丝就带着用毯子包裹着的养子来到医生的办公室。玛丽贝丝说孩子睡着很久了，他一直不醒来。医生掀开毯子对迈克尔进行检查，发现他已经死了。

迈克尔的死很能说明一些问题，因为泰宁家几年以来的婴儿夭折引起了社会很大的关注，而很多研究者认为是家族内某种致死基因导致的。但迈克尔是一个养子，和泰宁家族没有任何血缘关系，所以这个观点在迈克尔死后不攻自破，也让这一系列夭折事件变得更加扑朔迷离。

1985年8月22日，已经43岁的玛丽贝丝生下了自己的第八个孩子塔米·琳恩。同年12月10日，小塔米被紧急送往医院，随后医生宣布其死亡。

值得注意的是，据玛丽贝丝的一个朋友辛西娅透露，在小塔米去世的次日她去探望这对可怜的夫妇，但奇怪的是，他们还是像往常一样平静地吃着早餐，仿佛已经从孩子去世的悲伤里走了出来。但是，这一起夭折事件随后被医院报告给了警方。之后，警探鲍勃·英菲尔德拜访了泰宁一家，调查小塔米的死亡。

这么多年，这么多孩子的离奇死亡，引起了无数人对这个家庭的同情和哀叹。但是每次孩子夭折时，都只有玛丽贝丝在场，开始有人怀疑这个有着如此可怜遭遇的母亲，是不是对自己的孩子做了什么。但是此时，距离第一个疑似夭折的孩子死亡已经过了近15年，要重新审核孩子的死因，重新审议医学报告，谈何容易？

警方最终决定对玛丽贝丝当面问讯。1986年2月4日，玛丽贝丝被带到警局接受问讯。

在警方不断施加的压力下，玛丽贝丝承认：当小塔米哭闹的时候，她用枕头闷死了她。随后，玛丽贝丝供认了谋杀蒂莫西和内森，并且对丈夫下过毒药，但是她否认其他孩子死于她手的指控。

警方严重怀疑其否认的内容。鉴于玛丽贝丝的口供，警方对小塔米的尸体重新进行了检验，经过一系列严密的尸检，小塔米的死因最终被确定为窒息。最后，警方只针对小塔米的谋杀案对玛丽贝丝提起诉讼。1987年7月17日，玛丽贝丝被指控二级谋杀罪，最终被判处终身监禁，直到今天她还在狱中。

二、犯罪心理简要分析

看完这个案子，不知大家作何感想。有人问，到底是什么原因，让这个母亲残忍到这种程度？其实，玛丽贝丝的犯罪心理源于三种极端因素。

1. 童年阴影

童年被虐待的经历让玛丽贝丝具有了懦弱的人格特质。在警方对玛丽贝丝进行讯问时，玛丽贝丝说道："因为我不是一个好母亲，所以我把那些孩子一个一个用枕头闷死了。"

简单地分析即我不是好母亲→我的孩子应该死（孩子是弱势体）。

这和她的童年经历很相似：爸爸不是个好爸爸→我应该去死（自己是弱势体）。

懦弱的人格本体特征，在于寻求弱方衰败的逻辑，而且往往对弱方采取极端手段。

2. 表演型人格障碍

这种人格障碍属于人格违常的一种，简单来说就是一种主要特点为以过分感情用事或夸张言行来吸引他人关注的人格障碍。

就本案来说，玛丽贝丝迷恋每个孩子去世后她所受到的关注和同情，这种孩子夭折后给她带来的社会性群体关注满足了她内心深层次的需求。在这些夭折事件发生后，她视自己为唯一的悲剧焦点，这种关注给了她一种特殊的错觉，即她本身是很重要的，是值得其他人去爱护、安慰、保护的，这就形成了她杀子的原动力之一：以一种几乎疯狂的方式寻求关注感。

表演型人格体特点（依据案例分析总结而来，有一定的或然性）：

- 人格体愿意近距离地感受“自己表演”的结果，例如有的连环杀手喜欢重返现场，参与警方的破案过程；
- 本身境况不太好，普通而平庸，但内心狂热，性格内向、孤僻；
- 人格体统计中，童年时缺乏父母关注，甚至遭受虐待，被忽视的个体容易具备表演型人格障碍。

3. 孟乔森综合征（MSBP）

孟乔森综合征是指一种通过描述、幻想疾病症状，假装有病甚至主动伤害自己或他人，以取得他人同情的心理疾病。简而言之，MSBP最主要的特点是：让自己变得很惨来获得别人的同情。

对于玛丽贝丝来说，让自己变惨可以通过以下三个方式来实现：

- 自残（伤害自己以寻求同情和关注）；

- 杀死孩子（丧子以寻求同情和关注）；
- 杀死丈夫（亡夫以寻求同情和关注）。

在懦弱的人格特质面前，自残这个选择不会做。而后面两个玛丽贝丝都做了，只不过杀死丈夫没有成功。而她的作案动力来源极有可能是第一个孩子的夭折。这个孩子的夭折可能赋予了她满足内在畸形需求的途径。

说完了犯罪心理，再来说说其他的。不知道大家有没有注意到，玛丽贝丝对捂死孩子这一行为明显有很多次没有控制到位。约瑟夫、玛丽等是本来已经救回但后来又被杀死的。可能这个恶魔不知道假死，也可能因为毕竟孩子是自己的骨肉，很多次下不了死手。其实各种机械性损伤，如缢死、扼死、溺死等，是很容易造成假死的。

第三章

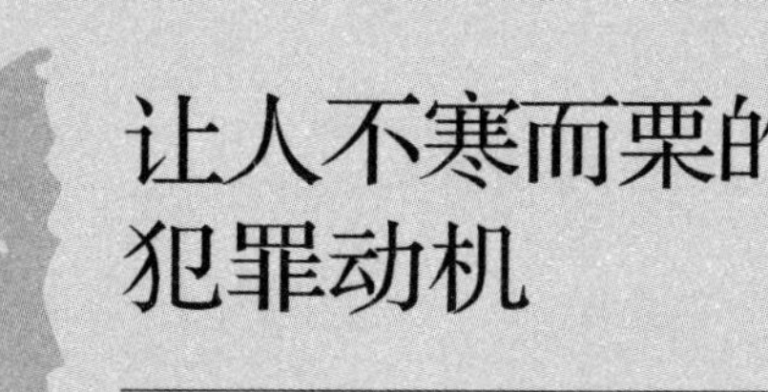

让人不寒而栗的犯罪动机

6

十二宫杀手

黄道是指以太阳为中心，地球环绕太阳所经过的轨迹。所谓黄道十二宫（zodiac），是指黄道30°均分后的十二星座。而在古希腊历法中，第十二宫象征着暗中的行为或阴暗的场所，因此代表隐遁、秘密、敌人、潜意识、医院、监狱等。此外，第十二宫也代表阴暗的鬼神。第十二宫为土星的喜乐宫，土星为占星第一凶星，代表忧郁与灰暗，这和第十二宫的性质相呼应，也和以黄道十二宫自称的凶手形象吻合。

黄道十二宫连环杀人案，记录在册的确切死亡人数是7人。从数量来看，确实不及曾经介绍的加里·里奇韦、安德烈·齐卡提洛，但是从复杂性和缜密性来说，这个案件是笔者见过的最为棘手的案件。

一、罪案全貌概述

1. 五案迷踪

（1）第一案

1968年12月20日星期五，17岁的大卫·法尔戴与16岁的贝蒂·洛·詹森在早上6点至7点被枪杀于瓦列霍市郊区。他们是一对恋人，这是他们第一次约会，他们告诉父母要去参加一个圣诞节演出，但他们去了郊区，那个地点很偏僻，是情侣们常去的地方。几乎没有人会注意到这对情侣在这个偏僻的地方停车。

当两人在车上聊天时，一个男人拿着枪向他们走来，凶手先用枪把车窗打碎，然后绕到车后面，打爆了车胎。两人试图从车里逃出来，但是凶手先对着大卫的头部开了一枪，大卫应声倒地。接着凶手沿着路追杀贝蒂，朝她连开数枪将其打死。大卫头部中了1枪，贝蒂背部中了5枪，全身中了10枪，没有任何性侵犯痕迹。贝蒂当场死亡，大卫死在了去医院的路上。

本案现场没有任何实质性线索，警方只知道这是一起枪击案。

（2）第二案

1969年7月4日星期五，23岁的达琳·弗仁和19岁的麦克·麦基于夜间11点半左右在瓦列霍市郊区的一个旧游乐场旁遭遇枪击，最终达琳死亡，麦克得以幸存。

这也是一对情侣，他们于夜间把车停在加州瓦列霍市的一个旧游乐场旁。这里离12月谋杀案现场只有不到2千米，他们在车里聊着天，一个陌生人悄悄把车停在了他们后面，用手电筒照了他们一下，然后下车走过来。这对情侣以为这个人是警察，把身份证都准备好了，但紧接着，枪响了。

瓦列霍市退休刑警爱德华·鲁斯特是参与本案现场勘查的人员之一，他回忆道："我们到达现场后，发现那里停着一辆轿车，地上躺着一个人，车门开着。麦克·麦基显然是被枪击中了。达琳的胳膊和胸部被打了9枪。她当时还活着，还在呼吸，眼皮微微跳动，我问她能否告诉我当时发生了什么事情，她好像看了我一眼想说些什么，但是我只能听到她的呻吟声。"

12点38分，达琳和麦克被救护车送往附近的医院。两分钟后，12点40分，警方接到了一个匿名电话，打来电话的人说是他杀了两个年轻人，还说出了自己使用的武器，并声称自己也是另一起凶杀案的凶手，然后嘲笑着说，再见。

警方立刻对电话进行了追踪，发现电话来自一个加油站旁的电话亭，这个地方距离被害人的家大约只有5千米，离瓦列霍市治安署也只有几个街区。

达琳在到达医院前就停止了呼吸，麦克幸存了下来，并向警方描述了罪犯的形象。

1969年8月1日，旧金山的三家报社瓦列霍时报、旧金山纪事报和旧金山观察家报几乎同时收到了神秘的来信。来信者说自己就是发生在旧金山两起命案的凶手："亲爱的编辑，我是去年圣诞节前和7月4日在瓦列霍市杀死那些年轻人的凶手。为了证明是我杀了他们，我将列举只有警方和我自己才知道的细节。"

在这封信中，凶手描述了枪支口径、被害人服饰特点、被害人身上的中枪数以及子弹上的商标信息。在信的最后他威胁道："我要求你们把我的信登在贵报头版，密码将揭露我的身份。如果你们不这样做，我就会继续杀人，直到凑齐12具尸体。"

这个来信者没有署名，只在信中留下了一组奇怪的矩阵密码，如图3-1所示。

图3–1　凶手独特的“密码阵”

来信者还留下了这样一个独特的图案（图3–2）。

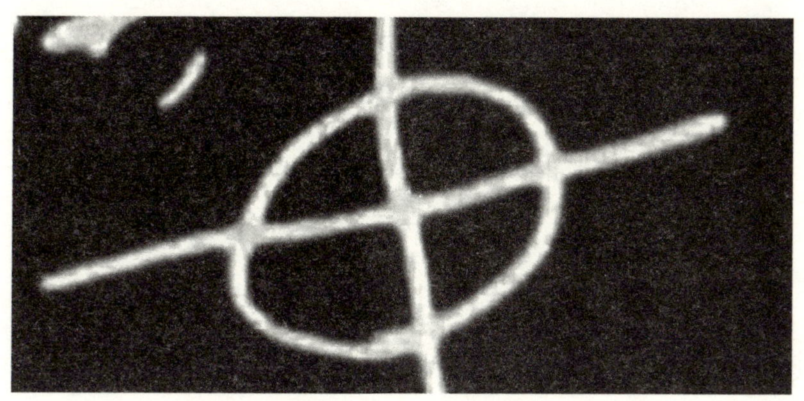

图3–2　黄道十二宫杀手最为常见的标记

凶手没有指明密码的母本，警方拿到这些密码时发现，这些密码至少涉及以下7种不同的字符：希腊字母、摩斯密码、气象符号、占星记号、英文字母、海军旗语、凶手自创符号。

确认信件是凶手写来的后，联邦调查局也介入了密码破译工作，由于涉及海军旗语，密码同时被转交给军方。但是，他们对于这些密码毫无头绪。6天后，凶手寄来了第二封信（图3-3）。

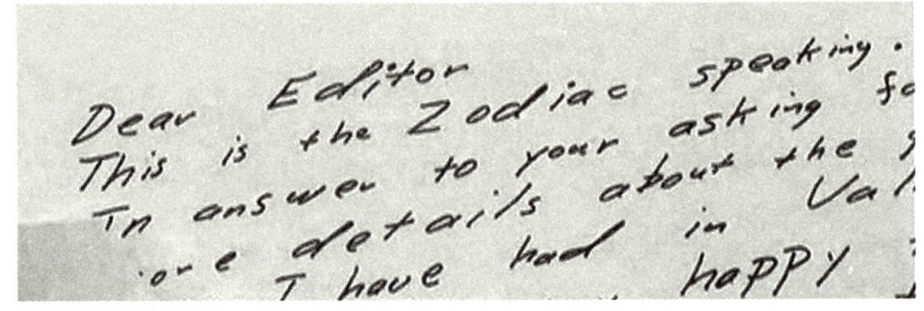
Dear Editor
This is the Zodiac speaking.
In answer to your asking for
the details about the
I have had in Va
happy

图3-3　凶手寄来的第二封信（局部）

他在信的开头写道："亲爱的编辑，这是黄道十二宫在和你们说话。"在这封信中，凶手第一次以黄道十二宫称呼自己。这个名字从此变成了他的符号。在这第二封信中，凶手透露了更多作案的细节，甚至包括一些警方都不知道的细节，比如他在枪上装上手电筒，以便在夜间行凶等。

事已至此，警方已然被黑暗中的凶手牵着鼻子走，他们选择从密码下手。用了整整一周的时间，警方、军方、中情局和联邦调查局的密码专家们，对凶手的密码还是一筹莫展。这些密码同时刊登在报纸上，成为当时人们茶余饭后的谈资。

自古民间多人才。加州历史教授唐纳德·哈德夫妇在报纸上看到了这些密码。这一串串奇怪的符号引起了他们极大的兴趣，二人合作破译了408个字符中的部分字符，译文如下："我喜欢杀人，因为很好玩，比猎杀危险动物更有快感，因为人类比任何猛兽都更加危险。最棒的是当我死后，被我杀害的人，将会成为我在天堂的奴隶。"

遗憾的是，这部分密码中并不包含任何能够指明凶手身份的信息，但是从这一部分译文中我们可以得到一个很危险的信息：凶手一定还会继续作案。

（3）第三案

1969年9月27日下午5点至6点，20岁的布莱恩·哈特奈尔和22岁的西西莉亚·谢巴德在帕耶撒湖的沙滩上被捅杀。

两人是情侣关系，这天下午来到帕耶撒湖边野餐，突然看到一名男子拿着枪走向他们，男子头戴中世纪刽子手式的蒙面罩，眼睛用墨镜遮住，身穿黑色背带裤，胸口挂着一个十字穿过圆心的白色吊坠，此人自称是来自蒙大拿州的越狱犯，要他们的车和钱去墨西哥。

他预先准备了绳子，要求西西莉亚用绳子把布莱恩绑住，然后亲手把西西莉亚绑起来，布莱恩或许以为这不过是一场怪异的抢劫，并不认为自己会有生命危险。但紧接着，男子拔出一柄尖刀用力猛刺二人。布莱恩心脏部位中了两刀，西西莉亚被捅了近10刀，两人当场死亡。

接着，凶手徒步来到500米以外的公路上两人的汽车旁，在车门上画下黄道十二宫的标记，并在标记的下方写下了作案时间和作案工具（刀）。

当天晚上6点40分，警方接到一个报警电话，电话中的男子描述了他刚刚杀人的过程，最后说了一句："我建议你们去马路上看看他们的白色福斯汽车，那里有我想让你们看的东西。"

到现在，我们好像可以看出一些十二宫杀手作案的规律和方式：选择在僻静处作案，对独处的年轻情侣下手，对女性有某种愤怒情绪。

那么，离破案不远了吗？

并不是。

（4）第四案

1969年10月11日晚上10点左右，29岁的出租车司机保罗·斯坦被枪杀于自己的车内。这天晚上9点40分左右，一名男子坐进了保罗的出租车，说他要去华顿街。谁知当保罗把车停在距离目的地还有一段距离的肯农大道上等红灯时，后座上的男子掏出手枪对准他的头部，一枪打死了他。开枪后，凶手拿走了保罗的钱包和车钥匙，然后撕下他衬衫的一角，擦拭了留在出租车上的鲜血，不慌不忙地离开了。

这个过程，被三名路过这里的少年看到了，他们在凶手还在现场时就打电话报了警。两名警官接到指令后紧急赶往案发现场。在电话里他们得知嫌疑人是个白人，但是途中没有看到白人从案发的街区走出来。警方对这一街区进行了地毯式搜索，结果一无所获，凶手早已不知去向。

这一次，在出租车上发现了一枚带血的指纹，而且不是保罗的。这次，警方结合三名路过少年和第二起案件幸存者麦克提供的凶手体貌特征，请专家绘制出嫌疑人的画像，并将凶手年龄锁定在35岁左右。

（5）第五案

1970年4月10日夜里11点至12点，18岁的切尼·贝蒂斯在自家门口被枪杀，并几乎遭到斩首。

当天晚上切尼参加完一个同学派对，到家时已经是晚上11点左右，他把车停到车库后刚出来就被凶手一枪打死。接着，凶手用血在地上画出了黄道十二宫的标记，随后在车库门上写上作案时间和信息。这次现场还留下了一个血足迹。

凌晨3点左右，旧金山警察局接到一个报警电话，电话里的人气势汹汹地怒吼道："你们这群蠢猪，我提醒你们最好到莫塔街区看看那具尸体，否则你们永远不会知道我做了什么事情！"

第二天，旧金山纪事报收到了一封特别的加急信，信中夹着保罗那一部分被撕掉的带血衬衫。信中说道："我是十二宫杀手，去年在波斯特地区枪杀了那个出租车司机，昨天我杀了那个年轻的男孩。为了证明这些，现寄来他带血的衬衫布片。"

信中还威胁说他要让这座城市陷入混乱："学生是很好的目标，我想在某个上午去袭击校车，把校车前胎打爆，然后孩子们跑下车时，把他们一一消灭。"

警方非常谨慎地对待十二宫杀手的威胁，纳帕县大部分治安警官和其他部门的警官每天都跟踪校车，直升机也在跟踪校车。这在20世纪70年代是件很稀奇的事，因为警察确实不知道这个人会干什么。警方焦急地收集线索，而十二宫杀手总是时不时地寄来一些威胁信和莫名其妙的卡片（图3-4）。

This is the Zodiac speaking

I have become very upset with the people of San Fran Bay Area. They have <u>not</u> complied with my wishes for them to wear some nice ⊕ buttons. I promiced to punish them if they didnot comply, by anilating a full School Buss. But now school is out for the summer, so I punished them in an another way. I shot a man sitting in a parked car with a .38.

⊕-12 SFPD-0

The Map coupled with this code will tell you where the bomb is set. You have untill next Fall to dig it up. ⊕

C Δ J I ■ O Ʞ ⊥ A M ꟻ ▲ Ω O R T G
X ⊙ F D V Ⱶ ▣ H C E L ⊕ P W Δ

If you dont want me to have this blast you must do two things. 1 Tell every one about the bus bomb with all the details. 2 I would like to see some nice Zodiac butons wandering about town. Every one else has these buttons like, ☮, black power, melvin eats bluber, etc. Well it would cheer me up considerably if I saw a lot of people wearing my buton. Please no nasty ones like melvin's

Thank you

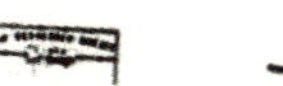 ⊕

图3–4　凶手寄来的一些威胁信

由于凶手要求把这些内容刊登于报，“龙卡”（图3–5）信息的破译在当时的美国大学掀起一场波澜。几乎每个人都在讨论它的具体意义，甚至不只学生，很多教师也参与其中。

图3–5　这张卡片被警方称为“龙卡”（dragon card）

2. 案件后续

就在警方一筹莫展之际，一条来自旧金山的线索引起了警方的高度关注，举报人叫唐 · 切尼。

1971年7月26日，他向警方举报说，他以前的同事亚瑟 · 李 · 艾伦在黄道十二宫开始作案前一年的元旦，向他提过很喜欢黄道十二宫这个称呼，也想这样称呼自己。亚瑟还打算猎杀情侣后给警察写信，甚至还提到如果要在夜间行凶，会把手电筒捆在枪上。

警方迅速对亚瑟展开了调查，探员们在亚瑟的驾照上看到他生于1933年12月20日。

黄道十二宫连环杀人案开始的时候，他刚好35岁，完全符合警方之前对凶手的年龄推断。

吻合点远不止上述这些：

- 他曾在海军服役，熟悉海军旗语，尤其对密码很感兴趣。在海军服役两年后，他因为纪律问题被开除了，后来当了小学老师，又因为骚扰学生被学校开除。穷困潦倒的他住进了父母的地下室，开始酗酒。
- 他习惯穿军鞋，鞋码是44码，和案发现场的血足迹大小完全吻合。
- 他的邻居声称第三案发生的当天，在他的车里看到一柄带血的匕首。他当时向邻居解释说那是用来杀鸡的。
- 他有一个书写习惯，Merry Christmas（圣诞快乐），他喜欢双写s。在笔迹鉴定时，警方发现寄来的信件里也存在这个特点。
- 在和警方的交流中，他说自己最喜欢的书是《危险的游戏》，尤其喜欢其中一句著名的话："人，是最危险的动物。"这正是杀手寄来的第二封信里被破译的内容。
- 他手腕上戴有一只手表，上面有黄道十二宫的字样，他说手表是1968年母亲送他的礼物。事实上，在1965年，他的妹妹就已经见过他戴这只手表了。

最后在谈话结束时，亚瑟说道："我也希望看到有一天，警察们不再被叫作笨猪。"

警方掌握了这么多线索，为什么没有起诉亚瑟·李·艾伦，甚至没有正式传唤他呢？的确，很多旁证都把矛头指向了他，但是始终缺乏具有说服力的证据链和有力的物证。

探员斯托奇申请到搜查令后，搜查了亚瑟的拖车，在里面找到了枪支、皮手套等疑似作案工具的证物，并提取了他的鞋印、指纹等信息。

两个警察把这些证物带回警察局交给专家进行鉴定、比对，所有人都认为他就是那个杀人不眨眼的十二宫杀手。谁知，令人失望的消息很快传来，将亚瑟的指纹、笔迹以及在他拖车上搜查出的枪支与犯罪现场的物证进行比对后，结果竟然是：完全不匹配。另外，第二案幸存者麦克指认时认为这个人不是当时枪击他们的凶手。

这时候，警方再也拿不出其他更有说服力的证据来证明亚瑟·李·艾伦就是黄道十二宫，不得不放弃这一条努力数月的线索。黄道十二宫连环杀人案就此沉寂。

20年后的1991年，黄道十二宫连环杀人案再次回到大众视野，案件突然出现了转机。第二案的幸存者麦克突然打电话给警方，称当年指认的人（亚瑟·李·艾伦）就是黄道十二宫杀手，是自己当时没记清楚。

警方正准备抓住机会，以谋杀罪名起诉亚瑟，但就在这个时候，亚瑟突发心脏病去世了。随着头号嫌疑人突然去世，黄道十二宫连环杀人案的调查再次被搁置。

2002年重启案件调查的警官将从33年前的黄道十二宫来信上提取到的DNA与亚瑟·李·艾伦的DNA样本进行对比，遗憾的是，比对结果依然是“不匹配”。依据这份DNA检测报告，警方撤销了对亚瑟·李·艾伦的涉案嫌疑。

直到2008年8月29日，美国的一家电视台报道了这样一则消息：一个名叫丹尼斯·考夫曼的男子在整理继父杰克·泰伦斯的遗物时发现了与黄道十二宫连环杀人案相关的物品，而且继父年轻时的画像像极了黄道十二宫。

杰克·泰伦斯于2006年去世，丹尼斯在他留下来的黑色箱子里发现了这些物品：一条黑色头巾，头巾上有黄道十二宫的标志性符号；一把带血的匕首和一些连环杀人案被害人照片；一封自己写的信，承认自己就是黄道十二宫杀手。

2008年9月1日，媒体对这一震惊世界的新线索进行了追踪报道。丹尼斯把所有证据交给了警方，FBI也介入调查。但

2010年新一轮的对比结果显示：完全不匹配。具体包括：指纹不匹配；血迹不是人类的血迹；字迹不匹配；被害人照片来自报纸。

黄道十二宫连环杀人案是美国犯罪史乃至世界犯罪史上最知名的悬案。哪怕到今天，网络上各种所谓的新线索新消息还层出不穷。但是，凶手始终还是黑暗中的幽灵。

二、犯罪心理简要分析与悬案之我见

1.系列案件定性

以杀戮作为基本手段，以寻求内在证明感和外在关注感为根本动机的连环杀人案。

2.犯罪心理成分分析

犯罪人犯罪心理成分=极端的表演型人格障碍+非典型的反社会型人格障碍+某种扭曲信仰。

简单吗？看上去很简单，其实这正是这个案件难的地方：凶手的行为除了足够体现表演型人格障碍和信仰异常外，很难确定其他犯罪心理成分。根本原因在于他很清楚行为证据不能过多地暴露。

而且在第三案发生，从理论上来说马上可以找出其作案规律时，凶手显然很明白这一点，选择了很“狡猾”的方式破坏了这种潜在的规律：

● 前三起案件现场十分干净，没有留下任何证据，而后两起案件一反常态，一起留下指纹，另一起留下足迹；

● 前三起案件杀双，后两起案件杀单；

● 前四起案件没有非常极端的行为，而第五起出现了（割头）。

躲避暴露行为证据，这只能说明他真正想要的不是这个。

最关键的是极端的表演型人格障碍。表演型人格障碍属于人格违常的一种，简单来说就是一种主要特点为以过分感情用事或夸张言行来吸引他人关注的人格障碍，名字中的“表演型”指的是“戏剧化”或“舞台化”。而本案凶手的“舞台”是面向媒体，面向警方，乃至面向社会。他把这视为中心，展示他“杀人的艺术”。

“艺术”在哪里，我们等会儿再说。

关于表演型人格障碍，DSM-5给出的鉴定标准如下：

● 在自己不能成为他人注意的中心时，感到不舒服；

● 与他人交往时的特点往往带有不恰当的性诱惑或挑逗

行为；

- 情绪表达变换迅速而表浅；
- 总是利用身体外表来吸引他人对自己的注意；
- 言语风格是让人印象深刻且缺乏细节的；
- 表现为自我戏剧化、舞台化或夸张的情绪表达；
- 易受暗示（即容易被他人或环境所影响）；
- 认为与他人的关系比实际上的更为亲密。

表演型人格障碍的基本特点（依据案例分析总结而来，有一定的或然性）：

- 人格体愿意近距离感受“自己表演”的结果，例如有的连环杀手喜欢重返现场参与警方的破案过程；
- 本身境况不会太好，普通而平庸，但内心狂热，性格内向、孤僻；
- 人格体统计中，童年时缺乏父母的关注，甚至遭受虐待、忽视的个体容易具备该人格障碍。

与反社会型人格障碍的关系：潜在人格特质有相似的一面。

如果普通的行为方式屡屡受挫，满足不了此种人格潜在的心理需求，那么寻求关注的诉求就很可能通过反社会型人格障碍的激发来表达。

3. 凶手属于非典型性连环杀手

一般而言，行为证据是最“诚实”的动机讲述者。对于本案的凶手，他的关键行为：杀人；写信挑衅，要求刊登其“作品”，引起社会轰动效应，平衡内在缺失感；黄道十二宫标记。第一个行为是为后两个行为做最充分的准备。

典型的连环杀手，像安德烈·齐卡提洛之类的，杀戮欲望是很难想象的，但本案的凶手不是这种类型。换句话说，凶手不是典型的以杀戮欲望作为根本动机的连环杀手，杀人只是他平衡其他心理需求的手段，而不是目的。

4. 某种扭曲的信仰

请先思考一个问题，第四案的模式为什么会是找到出租车司机呢？就算是为了躲避暴露固定的行为模式，这种对于被害人的选择还是有些别扭吧。笔者面对这个问题的时候，从两个角度去思考，终于找到了问题的根源。

第一个角度：出租车司机，可以把人带到想去的地方。凶手很明显想去肯农大道，去那儿的目的是什么呢？那里人很多，距离商业区不远。可以说，凶手冒很大风险的目的就是在肯农大道杀死这个人。请看图3–6。（作图时有些地点不准确，角度

显示有点问题，大致情况如下）

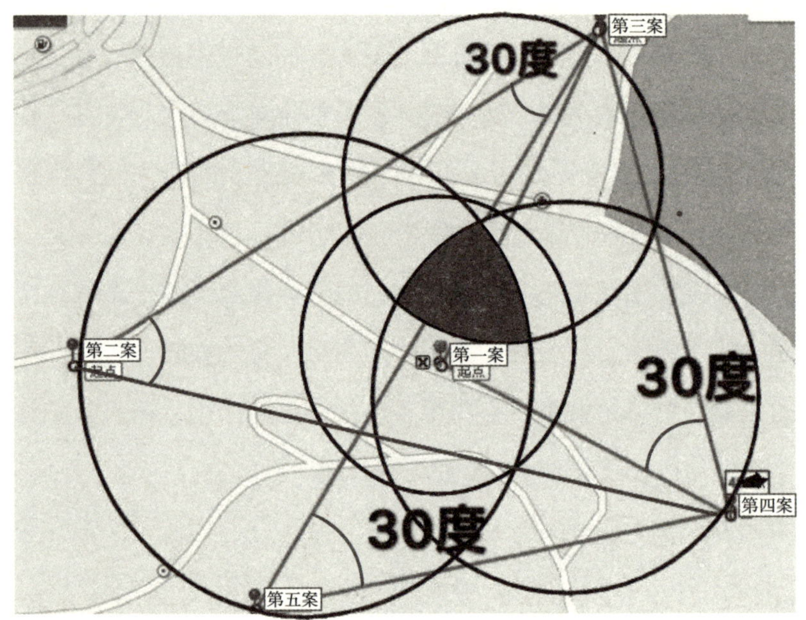

图3–6 犯罪地图学三圆理论推导图

最开始画三圆的目的是看看凶手的舒适区范围，三圆理论可以用来确定犯罪人犯罪的舒适区。此案凶手的舒适区就是笔者涂黑的部分，接近第一案的位置，是最舒适的犯罪区域。具体的判断方法很复杂，好奇心强的读者可以到“知乎”找笔者询问。

另外，没想到发现了更加重大的秘密：30°。有心的读者可以找笔者要地图去画一画，把图画准你就会发现这件特别的事情：“三圆三角形30°”，即第一案、第三案与第二案、第三案连线夹角30°，第一案、第二案与第二案、第三案连线夹角30°，第一案、第四案与第三案、第四案连线夹角30°，第四案、第五案与第三案、第四案连线夹角30°。

30°是偶然吗？一般来说，不是。从犯罪地图学的角度来说，连环案件作案点连线出现固定夹角或者形状的，可以说寥寥无几。倘若出现，一定有某种特殊的意义。

接下来，笔者的第二个思路就在于回到这个案子的本源：黄道十二宫。开头笔者就提到，所谓黄道十二宫，是指黄道30°均分后的十二星座。

实际上，30°等分从现代天文学的角度来看是错误的，但是这个凶手想方设法地满足30°等分逻辑，其实就是满足某种畸形信仰的行为。而各种符号和标记也是证据。

这涉及信仰型犯罪心理。所谓信仰型犯罪，即基于对政治、宗教的错误认识或反社会信仰的犯罪。信仰，是对某种主义、思想、宗教或迷信的极度信服和尊重，并以此作为信念来支配行动。

对于本案凶手来说，黄道十二宫背后的某种邪恶象征意义的主体，就是他扭曲的信仰。所以，凶手是筹备把系列案件作为一盘棋来下，或许第一案发生前，他就在地图上画出了作案地点，把连环杀人案作为展示自己的舞台和游戏。这也是五起案件一完成，凶手可以做到收手并全身而退的原因，换作典型性连环杀手，极难做到这一点。

5. 悬案之我见

还有一个问题，亚瑟 · 李 · 艾伦为什么会和犯罪嫌疑人的特点如此吻合，而DNA和其他各种鉴定却都能为他脱罪?

鞋码，海军旗语，书写细节，有黄道十二宫标记的手表，涉及信件内容的谈话词语，都是巧合吗?

个人的观点：这不是巧合，而是真正的凶手，一个和亚瑟 · 李 · 艾伦有很多交集的人，在利用亚瑟 · 李 · 艾伦玩弄警方。

他们或许曾经一起在海军服役，或许是在生活中某时候相识。可以确定的是，这个人和亚瑟 · 李 · 艾伦有某些共同的爱好甚至信仰，而且此人已经对亚瑟 · 李 · 艾伦起到了行为诱导的作用。至于是不是共同作案，笔者认为亚瑟 · 李 · 艾伦只是利用自己的特点完美地包庇了真正的凶手。

也就是说，杀人乃至写信，都是这个凶手在亲自行动，而亚瑟 · 李 · 艾伦伪装成最容易招来警方怀疑却又没有任何实质性证据可以证明其就是凶手的角色。

第二案的幸存者第一次指认时自然知道那个人不是凶手，

但是20年过去，这件事对其造成了很大的心理阴影，他内心极度渴望抓到凶手。据旧金山纪事报报道，幸存者麦克在1978年被诊断有一定的精神问题，这种精神情况和心态很容易驱使其再次指认凶手时为了抓到凶手不惜作假，所以第二次证人指认极有可能是错的。但是，亚瑟·李·艾伦却突然心脏病发作，死了。巧合是不是很多?

是心脏病确实来得巧?还是两人的关系出现了问题导致亚瑟·李·艾伦有说出真相的意图，而遭到凶手精心设计的谋杀?提醒一句：心脏病突发，基本是最适合伪装成意外事故的死法。

很像波士顿连环杀人案的模式吧?（请见《重案辑录·暗夜难眠》“罗斯托夫屠夫——安德烈·齐卡提洛案”）这些问题，留给大家去思考。

最后，总结一下凶手的一些基本特点。

- 极度自信：作案后在警署旁打电话；为了完成犯罪预想，敢于在闹市区作案。
- 思维缜密：凶手对局面掌控力较强，整个犯罪过程没有多少波折和失控的情况，可以说将警方“玩弄于股掌之间”。
- 凶手属于高学历人群。
- 凶手现状一般，不会太好也不会太差。

- 有军队尤其是海军的服役经历。
- 身材健壮，性格内向但表达能力强，有法律意识，可能从事和律师行业有关的工作。
- 犯罪时年龄在30岁左右。
- 和亚瑟·李·艾伦有交集和联系。

7 莱茵河畔的杜塞尔多夫吸血鬼

“夕阳犹如鲜血之光照耀我身。”20世纪的杜塞尔多夫是一座繁华的城市。百年来，这里关于吸血鬼的各种传说让人不寒而栗，半人半魔的他们行于都市的午夜，攻击被害人并吸食其血液。

至于杜塞尔多夫吸血鬼，他让恶魔的利爪盘旋于每个人的头顶。在很长一段时间里，只要夜色降临，街上再热闹的地方也会变得空无一人。没有人知道这个恶魔的使徒到底在什么地方。而对于他来说，一切都是随机的。这本就是一场选择性的狩猎。每次在杀了那些无辜、可怜的路人后，他就会从一个灭绝人性的吸血鬼变成一个普通人。他收获了满足，忘了自己，可能连自己杀了谁也忘了，甚至可能和你我一样，为死者哀叹，感慨行凶者的残暴。

真正的悲剧在于，这样的变化发生在悄无声息之中，或者说他自己也没法儿察觉。在第二天，这个午夜的屠夫又变回了普通人，没人知道他前一天晚上做了什么。茶余饭后，大家都在讨论刚发生的命案，他也置身其中，十分投入地听着别人的讨论，乃至加入这种讨论。他享受这种变态的欢愉——至少到目前为止，只有他知道谁是真正的凶手。

一、罪案全貌概述

1.案件基本情况一览

犯罪人：彼得·卡尔登。

作案时间：20世纪二三十年代。

作案地点：杜塞尔多夫市。

被害人数：至少12人死亡，具体不详。

杀人手法：锐器捅刺、锤击、扼杀。

2.被烧焦的金发女孩

1929年2月7日清晨，杜塞尔多夫市东厂区，8岁女孩罗莎·奥莉卡的尸体被匆匆抄小路赶去上班的穆塞尔发现了。案发现场位于一个少有人知的废弃工厂旁，一堵围墙的背阴面，罗莎娇小的尸体已经被烧焦，地上布满了废弃的机油，而她身上的伤痕更是让人触目惊心：经过鉴定，罗莎全身上下共有24处刺伤，这些刺伤造成的大量失血是最关键的死因。

更让警方难以接受的是，这名未知的凶手对这名年仅8岁的女孩实施了一系列残暴行为：他强暴了她，随后疯狂地用锐器捅刺，最后倒上汽油焚烧。

据罗莎的母亲向警方透露，罗莎尸体所处的地方离家不到2千米。尸体发现前一天，罗莎和往常一样放学回家，后来又离开家去附近的公园玩耍，之后就一直没有回家。结合死亡时间来推断，警方认为罗莎应该是在2月6日晚上10点左右遇害的。

这一案件引起了市民的广泛关注，大家都为罗莎的死而义愤填膺。而杜塞尔多夫市警方考虑的则更多，特别是罗莎尸体上那些密密麻麻的锐器刺伤，让警方不得不联想到几天前的卡恩夫人案。

就在几天前的2月3日晚上，在公园散步的卡恩夫人遭到了一个凶手的突然袭击。凶手一只手捂住其口部，另一只手用刀对其发起近乎疯狂的捅刺，随后离开了现场。两个小时后，浑身鲜血的卡恩夫人被路人发现并送往医院，医生表示其身上至少有18处刺伤，但所幸没有伤及要害。

据卡恩夫人透露，当天晚上因为光线太暗，她无法看清这个凶手的长相特点，只能确定他身材修长，行动迅速。而警方对现场的勘查也只找到一块带血的、疑似凶器的金属薄片。

杜塞尔多夫市警方认为，这两起案件在很大程度上是相似的，原因在于两个被害人都没有想要置其于死地的仇人，而遭遇的伤害本身也极为相似——都遭到了凶手疯狂的捅刺。

他们的预感没有错，这起案件很快演变为连环杀人案，一个杀人恶魔伴随着下一个被害人走进了人们的视野。

3. 一醉不醒的机修工

2月13日夜，44岁的鲁道夫·希尔下班后去朋友家喝了酒，烂醉如泥的他走在回家的路上，却不知危险已经悄然而至。当他走到东市区一条小巷边时，于阴暗中尾随已久的凶手向他发起了突然袭击，身中17刀的鲁道夫一脸惊恐地倒在血泊之中，当场死亡。

2月3日、2月6日、2月13日……血腥的2月充斥着各种关于杀人案的市井传闻，引起了全市市民的关注。

2月过去了，凶手似乎消失了，整个3月没有发生类似的案件，4月也没有，原本忙得不可开交的警方和惶恐不安的民众纷纷开始猜想：这个杀人凶手为什么不杀人了？这个凶手离开这个城市了吗？这个凶手去哪儿了？

这一系列疑问萦绕在所有市民的心里，而时间还在流逝，很快5月悄然而至，那个让人恐惧的恶魔又回来了。

4.“杜塞尔多夫吸血鬼”

20岁的艾玛·格劳斯是杜塞尔多夫市平民区一间著名酒吧的舞女，长相十分好看、性格活泼开朗的她深受人们的喜爱。

5月24日晚上，艾玛在从酒吧下班回家的路上遇到了一个陌生人。这个陌生人身材修长、举止优雅，在展现出自己的绅士风度之后两人达成了某种暧昧的交易，于是艾玛将其带回了自己独居的出租屋。

就这样，艾玛成了第一个被吸血鬼撕咬的被害人，这一次凶手处理尸体的方式成了民众恐慌的根源：艾玛的身上除了那几十处鱼鳞般的刀伤外，她的手腕和颈部均有明显被人撕咬过的痕迹，特别是颈部，肌肉几乎被撕咬至变形。

这样的痕迹让无数市民将这个残暴的凶手与欧洲千百年来存在的恐怖传说——吸血鬼联系起来。相传，吸血鬼趁夜出动，半人半魔，撕咬着被害人的肉体，吸食人类的鲜血和精气。

如此一来，恐慌还在蔓延，无助的人们只好将内心的迷信和恐惧转化为对迟迟未能破案的警方的谩骂和指责，苦不堪言的杜塞尔多夫市警方不得不在6月求助于上一级的柏林警署。

然而，就在柏林派来的高级调查员还在忙着重新评估案情时，又有两个无辜的孩子惨死在这个吸血鬼手中。

5. 弗雷格村的血案

弗雷格村位于杜塞尔多夫市的郊区，6月中旬的弗雷格村在夜色降临后举行着传统而隆重的祭祀仪式，大人带着孩子们在篝火旁欢呼雀跃，烟火在上空鸣响着，到处都是一片祥和安乐的氛围。

然而，没有人察觉到那个混入人群中的恶魔。直到仪式结束后，人们才有所警觉——有两个孩子失踪了，一个是6岁的格尔特 · 哈尔曼（女），另一个是13岁的刘易斯 · 莱恩茨（男）。

全村村民对村庄及周边进行了地毯式搜寻，终于在几个小时后借着手电筒昏暗的光线在一片农田中找到了两个孩子的尸体。所有在场的村民都被惊得说不出话。随后杜塞尔多夫市警方赶到了现场，警方分别对两名死者进行了尸检，基本情况如表3–1所示。

表3–1　本案尸检基本情况整理

格尔特 · 哈尔曼（女）	刘易斯 · 莱恩茨（男）
被性侵	未被性侵
全身共计14刀	全身共计5刀
颈部有被撕咬过的痕迹	浑身无咬痕

由于农田中的土质十分松软，警方在进行到场者的足迹比对后成功排查出一组可疑的鞋印，并将其用石膏做成了鞋印模具。除了这个证据外，警方再无其他线索。

凶手标志性的杀人手法和尸体标记让杜塞尔多夫市再次陷入恐慌之中。警方也面临着巨大的压力，焦头烂额的调查长蒙贝尔格为了不再有如此凶残的命案发生，甚至采用飞行巡逻的方式保障居民的安全。

蒙贝尔格警官出动了飞行巡逻队对杜塞尔多夫市各个街区进行巡逻。巡逻队在市区范围内低空飞行，从厂区到住宅区轮番巡视，在深夜甚至用了探照灯，将每条街道都仔细地巡逻一遍。沉闷的夜晚与明黄色的探照灯轮番上阵，整个市区像回到了战争时期般紧张可怕。

这个办法确实行之有效，但市民们觉得难以接受。飞机每天忽高忽低地盘旋在头顶，这让所有市民感到神经紧张。一时间，意见信、投诉信堆满了蒙贝尔格警官的办公桌，人们纷纷要求停止飞机的巡逻侦查。没有办法，警方只能终止了这个空中巡逻计划，寻找可以抓到凶手的其他途径。

6. 灵媒“破案”

转眼间3个月过去了，凶手没有继续杀人，但每个人都可能成为下一个被害人。随后，无法找到凶手、一筹莫展的警方荒谬地接受了市民的建议——从柏林请来两个女灵媒帮助破案，她们自称可以和死者通灵，从而看到案发的全过程，找出凶手。

在警方的带领下，两个灵媒分别参观了案发现场，随后她们回到警署，在长时间的冥想后分别为警方描述了自己看到的凶手形象：第一个灵媒称，自己看到了一个高大威猛、浅色头发的凶手；第二个灵媒则称，自己看到了一个身材矮胖、黑头发的凶手。于是，两个灵媒开始争执，当场互相谩骂起来，左右为难的警方只好将其送回柏林。

这场由于无知和迷信引起的闹剧结束了，而警方的所作所为被躲在暗处的凶手看得一清二楚。他享受着警方的无助带来的欢愉感，然后伸了个懒腰，拿起刀，继续自己的杀戮。

7.信和地图

一转眼就到了8月。8月14日，年仅5岁的女孩歌图路德·阿尔贝曼在公园离奇失踪，唯一的目击证人表示，看到她和一个穿着黑色外衣的男子在一起。8月17日，20岁的姑娘玛丽娅失踪在野餐过后回家的路上。杜塞尔多夫市组织了专门的搜寻队连夜进行搜寻，两名女孩却活不见人，死不见尸。

8月24日至28日，弗莱海特报社和米塔哈报社在连续几天内收到数封神秘的未署名信件。由于寄信人十分清楚地描述了凶杀案的细节，报社只能将信件汇总移交给警方，而警方一开始并没有将其作为有效的信息进行处理。

但是，当同样字迹潦草的信件再次被寄到报社的时候，情况变得不一样了。这次的信件里夹了一张地图（图3-7），寄信人写道：“我想你们一定不相信我之前所说的那些话，现在我来告诉你们，那两名女孩都是我杀死的。我该如何证明自己的行为？就请你们按照地图上的标记去找一找吧，那样你们就能找到她们的尸体了。”

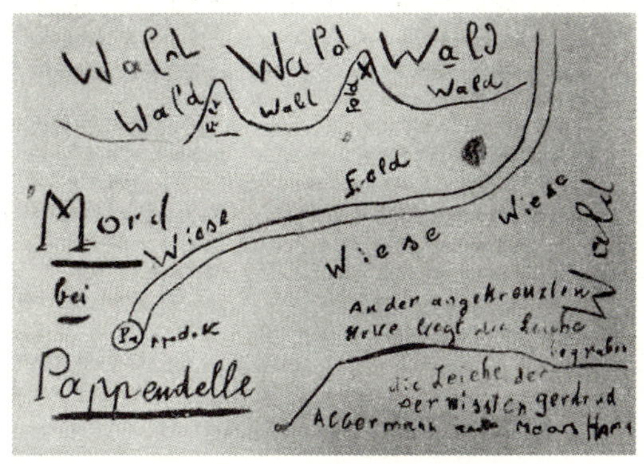

图3-7　凶手标记的地图

地图上标记出了杜塞尔多夫市东区外的一片小树林，那里人迹罕至，到处都是灌木丛和藤蔓。当警方带人到达地图上的标记点时，果然在那明显被翻动过的土壤下挖出两具伤痕累累的尸体。

警方首先确认了两名死者就是失踪的歌图路德和玛丽娅，而进一步的尸检基本情况如表3–2所示。

表3–2 本案尸检基本情况整理

歌图路德 · 阿尔贝曼	玛丽娅
遭到性侵	遭到性侵
全身至少12处刀伤	刀伤，死于扼颈（密集）
颈部被撕咬	手腕部、颈部被撕咬

杜塞尔多夫市似乎成了凶手的游乐园，他用杀人的方式娱乐，发酵着人们的恐惧情绪。上至政府高层官员，下至农夫工人，每个人都迫切地想知道这个凶手是谁，这一方面是为了自保，另一方面也是为了满大街张贴的悬赏公告。

事到如今，杜塞尔多夫市警方已经逐渐麻木。他们已经不强求可以抓到这个凶手，他们想要努力做到的只是保护市民，不再死更多的人。为此，蒙贝尔格调查长甚至派出不少长相俊美的警察穿上女装出入于灯红酒绿的酒吧，想要和这个吸血鬼来一次偶遇。

他们的做法得到了凶手的回应，那是一封寄到波塞尔报社的匿名信件。信件上写道："……我和你们穿女装的警察跳了支舞。"

8.最后的疯狂

9月21日夜里，18岁的安娜·哥德哈森在下班回家时遭遇了凶手的袭击。随后，35岁的曼德尔夫人、48岁的哥伦布都遭到了凶手的突然袭击。这一夜，只有安娜·哥德哈森一名幸存者。

几天后，又一具尸体出现在杜塞尔多夫市西区，死者是21岁的爱达·鲁特。她的尸体没有其他多余的伤口，只有头部的致命伤——很显然她是被凶手用凶器击打头部致死的，而凶器也在附近的草丛里被找到。

就在爱达·鲁特死后的第5天，凶手再次出手，将约瑟芬·米勒尔锤杀，尸体就摆放在2月鲁道夫案发生的小道上，而她的肩部再次出现了凶手夸张的咬痕。10月14日，19岁的伊丽莎白·朵丽丝成了卷录记载里的最后一个被害人，她在杜塞尔多夫市东部公园里遭遇了吸血鬼，被其一击致死。

这数起案件之所以一起叙述，是由于时间间隔短，而且各个案发地之间非常接近，最远的不过6.4千米，最近的不到1.6千米。

9.恶魔现形

1930年5月中旬的一天，一名叫作玛丽亚·布德列克的女佣独自一人来到杜塞尔多夫市，原本准备找个旅店住，谁知遇上了一个泼皮小混混，他拉扯着玛丽亚去附近的小树林，玛丽亚害怕得大喊救命。

就在这个时候，忽然，一个陌生男人走了过来，他出手赶走了那个小混混，然后和玛丽亚攀谈起来。他告诉玛丽亚这附近没有旅店，提议她跟着他去一家他认识的旅店，他还表示那家旅店的老板很不错。

见来者很有风度，玛丽亚就大胆地跟着他去了，但是走着走着玛丽亚发现这个绅士的举止越来越轻浮，言语也变得越来越奇怪，她觉得不对劲，于是撒腿就跑。而后者穷追不舍，非要告诉玛丽亚旅店怎么走，追上后立刻拽着她往树林走，随后便用力掐住玛丽亚的脖子。过了一会儿这个陌生人似乎有什么事，突然站起来就走了。

死里逃生的玛丽亚随后自己找了个旅店住下，后来和朋友写了封信讲述这件事。这封信得到了警方的关注，警方主动找到玛丽亚，询问对她实施暴力行为的男子有什么特征。于是玛丽亚向警方透露了这名男子的一些外在信息：身材消瘦；年纪不小了，至少有30岁；头发是黑色的，有一股很重的发胶味；眼睛是深蓝色的。注意到这个陌生人和玛丽亚提过那个神秘的旅店，警方了解到那个旅店位于蓝帕街上，但是具体位置玛丽亚不记得了，警方只好带着玛丽亚在街上排查。

“……我们就在街上乱转，结果转到了隔壁的美特满街，边上正好有两个女人在聊天，我就过去想问下路。她们一个是萨基夫人，一个是魏玛小姐，她们告诉我她们住的那个旅店挺好的，但就是有个男人经常喜欢跟着年轻女人跑。她们还把我带了过去，结果我就看见那个男人（警方要找的人）站在旅店走廊那儿。我看见了他，但是他还没有看见我，我赶紧告诉萨基夫人和魏玛小姐，那个就是我想找的人，然后就跑回来告诉你们（警方）了，就是他！我刚才还打听了他的名字——彼得·卡尔登！”

彼得的档案显示他的住址是美特满街71号，于是警方立刻带人赶了过去。这座公寓看起来又老又旧，门锁着。警方向周围人打听后得知彼得的太太就在附近的餐厅打工。随后警方找到了她，本分老实的卡尔登夫人回答了警方的诸多问题。从她那里警方了解到彼得原本是个木匠，现在在外面找工作。而且他因为与夫人关系不和，早就搬出去住了。

经过一番努力，警方找到了彼得现在居住的出租屋，但一直没有发现彼得的踪迹。无奈的警方申请了搜查令，随后在其家里搜出了一双高度符合物证的皮鞋以及衣橱里的黑色外套。另外，彼得家里平时留下的笔迹也和寄到报社的信件笔迹比对一致。

“天啊，这不可能，他不是那样的人。他很善良，不会杀人的。”搜查结果和鉴定结果让卡尔登夫人感到难以置信。

“你知道彼得在哪里吗，夫人？”

“不知道，但他每个月的20日都会在罗切斯特广场和我碰面，给我一些生活费。”

于是，警方制订了抓捕计划，准备以卡尔登夫人为诱饵，将彼得抓捕归案。

1930年5月20日下午，彼得在罗切斯特广场出现，被一拥而上的警察抓获。“你们不要怕我。”这是彼得对逮捕他的警员说的第一句话。

1931年7月2日，彼得走上了断头台。

二、犯罪人人生经历简述

1883年5月26日，彼得 · 卡尔登出生在美丽的莱茵河畔。他的童年十分悲惨，家里一共有8个孩子，而父亲总是喜欢喝酒，喝了酒就会打他的母亲。在彼得6岁的时候他甚至目睹了父亲在酒后强暴了他的母亲和姐姐。

父亲的所作所为让彼得的性启蒙与道德意识极其扭曲。年幼的他开始对虐待动物乐此不疲，甚至在1896年性侵了自己的亲姐姐。性和暴力的结合是彼得犯罪行为解析的要点，在青春期以性侵自己的姐姐作为变态性行为的前奏后，1897年14岁的彼得更进一步——完成了他人生中的第一次谋杀，他将和自己一起坐船游玩却不慎落水的小伙伴按进水里淹死。可惜的是，这次谋杀被彼得完美地伪装成意外事件，装得一脸无辜的他丝毫没有引起警方的半点疑心。

由于彼得一直以来出现了太多不端行为，甚至一把火烧了学校的活动室，他没能将自己的学业继续下去。辍学后的彼得在一个木匠师傅那里学习技术，同时干一些偷窃、抢劫之类的事情，下面是彼得的部分犯罪记录：

1899年，因为入室盗窃被捕；

1901年，因为盗窃被捕；

1902年7月，因抢劫被捕入狱2年；

1904年，因盗窃入狱1年；

1906年，因伤害罪入狱3年；

1908年，因抢劫纵火入狱4年；

1913年5月，再次杀人。

这次杀人有一点意外，他闯入一户人家想要偷点值钱的东西，但是当他进入房间之后意外地发现床上有个10岁的小女孩在睡觉。看到这个小女孩，彼得再也无法克制内心狂躁的欲望，他紧紧掐住女孩的脖子直到她失去知觉，随后疯狂地性侵了她。最后，他用随身携带的刀疯狂刺戳小女孩的尸体。

遗憾的是，这起案件也成了未破案件，彼得没有因为这起案件入狱，而是因为1914年的一起大型纵火案再次入狱。这次纵火造成了巨大的损失和10多人受伤，彼得被判处了8年刑期。

我们可以理解为，这个时期的彼得成了一台移动的犯罪机器。每次入狱他都会对自己的行为进行改造，让自己下次犯罪变得更加刺激、没有疏漏，而这种自我改造的途径就是回味和幻想。这些都是后话，会在之后详细讲解。

于是，当这台历经无数次设计和改造的犯罪机器在1926年返回杜塞尔多夫市时，罪恶血腥的故事就展开了。在这里的人看来，他是一位受人尊敬的贸易联合会代表，很体贴妻子，看上去是一个合格的绅士，没有人怀疑他是嗜血的魔鬼。

但是，黄昏一到，夕阳犹如鲜血之光照射在他身上，唤醒并升级了彼得的一切罪恶。

人们评价他说：“彼得 · 卡尔登在我看来是个无法想象的人，我无法理解……哈曼只杀男人，兰德鲁和格罗斯曼只杀害女人，而彼得却杀男人、女人、孩子和动物……他滥杀任何能见到的生物。”

20世纪初，德国国内对于死刑存废的问题吵得沸沸扬扬，但是在如何处置彼得·卡尔登的问题上所有人似乎达成了共识——必须将其处死。于是彼得就像真正的吸血鬼一样，被人们以最古老的方式砍下了头颅。

实际上从被逮捕到人头落地，彼得自始至终都没有认罪：“……我的灵魂从未感到罪孽，我不认为自己做错了什么事，即使全社会都谴责我的所作所为。我的血和被害人的血都会出现在折磨我的人的脑中。世上一定有位高人最先在某处给生命点燃了致命的火花，那位高人也会表扬我的行为，因为我对不公正进行报复，我所遭受的惩罚已经摧毁我作为一个人的所有情感，所以我不同情任何被害人……”

他认为自己是在完成一些特定的使命，而给被害人及其家属带来的苦难则不足挂齿，他扮演着地狱使者的角色，冷血的暴力谋杀就是他解决问题、完成使命的方式。面对无辜死者的家人，彼得只是含笑而视，随即告诉警方：“嘿，伙计，我可不止杀了这么多人。”

换句话说，包括彼得在内的所有连环杀手，都善于将个人扭曲的欲望凌驾于社会规则之上，就像泰德·邦迪所说的，他在杀人的时候习惯将自己当作所有人的父亲，而明天到来的时候，会有更多的孩子死去。

三、犯罪心理成分分析

1. 系列案件定性

以突袭式捅杀作为基本犯罪手法，以满足内在不正常的自我证明机制和其他人格障碍为根源性动机的连环杀人案。

2. 犯罪心理主要成分

彼得·卡尔登的犯罪心理主要成分=表演型人格障碍（HPD）+反社会型人格障碍（ASPD）+连环杀手的畸形杀戮欲望+施虐淫癖+恋童癖。

3. 主要成分分析（含行为分析）

（1）整体分析

从整体来看，这是一种“双内驱”的结构，如图3–8所示。

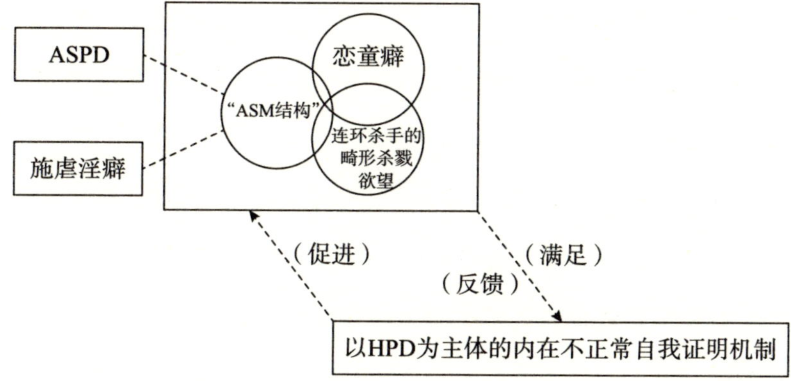

图3-8　彼得·卡尔登模式的整体构型

从优先级来说，以HPD为主体的内在不正常自我证明机制≈“ASM结构”+连环杀手的畸形杀戮欲望+恋童癖。简单来说，这个需求结构的成分就是：不正常的性需求、不正常的自我证明机制、不正常的其他需求（杀戮）。

（2）综合分析一：成分分析——“ASM结构”+恋童癖

“ASM结构”就是反社会型人格障碍和施虐淫癖的融合。这种恐怖的性杀需求从彼得小时候就萌芽了。

DSM-5的鉴定标准：

在过去12个月内，表现为以下标准中的至少三项，并在过去6个月中至少存在一项：

- 经常欺负、威胁或恐吓他人（彼得·卡尔登14岁前出现过的行为）。

● 经常挑起斗殴。

● 曾使用可能会对他人造成严重人身伤害的武器（例如，棍棒、砖块、碎玻璃瓶、刀、枪）。

● 曾残忍伤害过他人（彼得 · 卡尔登14岁前出现过的行为）。

● 曾残忍伤害过动物（彼得 · 卡尔登14岁前出现过的行为）。

● 曾当着被害人的面偷窥（例如，抢劫、抢包、敲诈勒索或持械抢劫）。

● 曾强迫他人发生性行为（彼得 · 卡尔登14岁前出现过的行为）。

● 曾故意纵火试图造成严重损坏。

● 曾蓄意欺诈或盗窃。

● 经常无视父母管教，夜不归宿（彼得 · 卡尔登13岁前开始出现的行为）。

● 经常逃学（彼得 · 卡尔登13岁前出现过的行为）。

● 导致有临床意义的社交、学业等方面的功能损害（辍学）。

彼得 · 卡尔登14岁前的品行障碍严重且极端。虐待动物、欺负同学、性犯罪、杀人这些品行障碍行为，是ASPD的前奏。从小虐待动物、欺负同学的彼得在1896年性侵了自己的亲姐姐——那时候他仅有13岁。而在14岁时他又杀了自己的好朋友。如果说虐待动物、逃学属于一般行为，那么这两个行为无疑属于非常极端的犯罪行为。

正常来说，性犯罪常发的年龄不会是13岁，而往往是青春期之后，这个时期因为性机能发育的逐渐成熟与性道德观念缺乏的矛盾，带来的心理变化是巨大、复杂的，因此容易因为缺乏抑制性冲动的能力而导致性道德观念、法制观念落后于性机能的发育而走向性犯罪。且不提13岁就实施了性犯罪，彼得实施性犯罪的对象是他的姐姐，这种毫无伦理的性犯罪也是相当罕见的。若要追究原因，应该源于其扭曲畸形的性觉醒，这和他小时候看父亲酗酒后当着他的面强暴他的母亲、姐姐有很大的关系。

至于将伙伴按于水中溺死，这可以理解为彼得杀人的念头是在伙伴落水挣扎的特定情景中被激发出来的。看到这个即将死亡的人，彼得看到了对方的生命仿佛被自己掌控，就像他平时扔进池塘的小猫、小狗一样。于是，彼得人性中最为黑暗的一面瞬间被释放，他完成了人生中的首次杀戮。

说完这两件事情，我们再来梳理一下彼得的犯罪行为链条，如表3–3所示。

表3–3 彼得·卡尔登整体犯罪类型链条梳理

年龄	年份	犯罪类型
13岁	1896年	性侵 ●
14岁	1897年	杀人 ●
16岁	1899年	盗窃
18岁	1901年	盗窃
19岁	1902年	抢劫
21岁	1904年	盗窃
23岁	1906年	伤害 ●
25岁	1908年	抢劫、纵火
30岁	1913年	杀人（疑案）●
31岁	1914年	纵火

连环杀人（1929年2月至1930年10月）

可以得出3个结论：

- 犯罪已经成瘾（佐证ASPD的存在）；
- 性质恶劣的犯罪周期性发生，盗窃、抢劫类犯罪为习惯性日常行为；
- 在开始连环杀人之前，彼得有将近20年的时间是因为大大小小的犯罪在狱中度过的。

长期的牢狱生活在彼得的犯罪心理演变过程中的影响不容小觑。据彼得讲述：他年轻的时候对于监狱生活有着强烈的厌恶情绪，但随着年龄的增长，这种厌恶竟然转化为对于禁锢的习惯。他喜欢在牢房里做那些虐待狂的白日梦。他故意挑衅狱警，这样狱警就会罚自己禁闭，他独享一间小小的禁闭室，便于独自沉浸在性幻想之中。

总之，他觉得封闭的监狱是他在大脑中进行大肆屠杀来缓解自己各种性杀幻想的绝佳之地，而这些深层次的、感官无限接近真实的血腥幻想也为即将到来的连环杀人案进行着充分的预热和演练。下面我们来说一说彼得的性欲倒错障碍——施虐淫癖和恋童癖。

先分段理一理彼得连环杀人案的基本脉络：本案中很多案件是残缺的、遗漏的，原因是警方也不知道彼得究竟杀了多少人，因此我们只能以已确定的、具有代表性的案件来洞察整体。（图3–9）

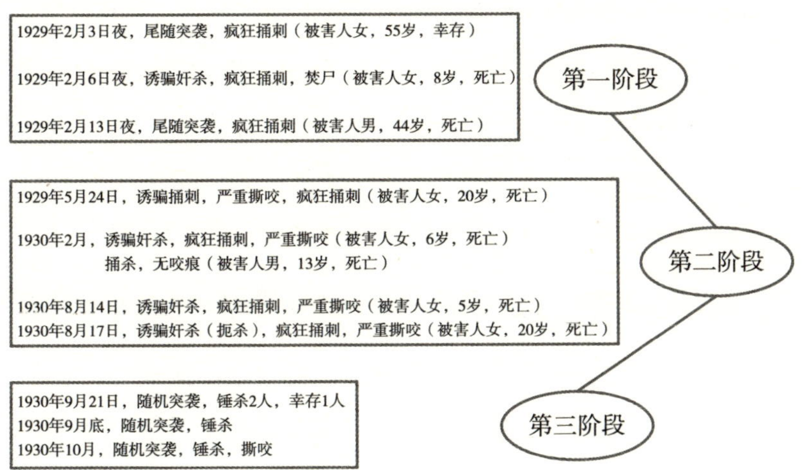

图3–9　彼得·卡尔登连环杀人案（脉络梳理一）

彼得·卡尔登连环杀人案可以从整体上分为三大阶段：

第一阶段，最佳杀戮模式的寻找阶段；

第二阶段，最佳杀戮模式的实施；

第三阶段，枯竭。

无论是对44岁的鲁道夫·希尔还是中年的卡恩夫人，彼得都采用了“尾随突袭—疯狂捅刺”的犯罪手法，这是他早就想做的事情。而对于8岁女孩罗莎·奥莉卡则多实施了两个行为：性侵、焚尸。在整个案子中，彼得对于年幼女孩的作案方式一直有点特别。（图3–10）

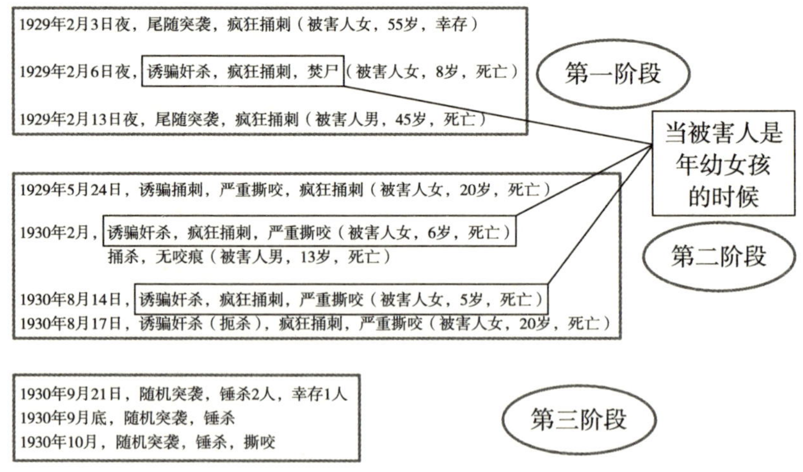

图3–10 彼得·卡尔登连环杀人案（脉络梳理二）

可以认为在第一阶段，彼得尚不知道什么行为可以让自己获得最大的快感。随着对尸体的疯狂破坏，他之后进行焚尸的目的也不是毁尸灭迹，而是单纯的对美好事物的毁灭。

而在第二阶段我们可以看到，彼得第一次撕咬被害人肩、手腕、脖颈的行为出现在那个长相漂亮、年轻的艾玛·格劳斯身上，这意味着出现了第二类可以激活彼得最大性杀机制的人群：那些年轻的漂亮女子。（图3–11）

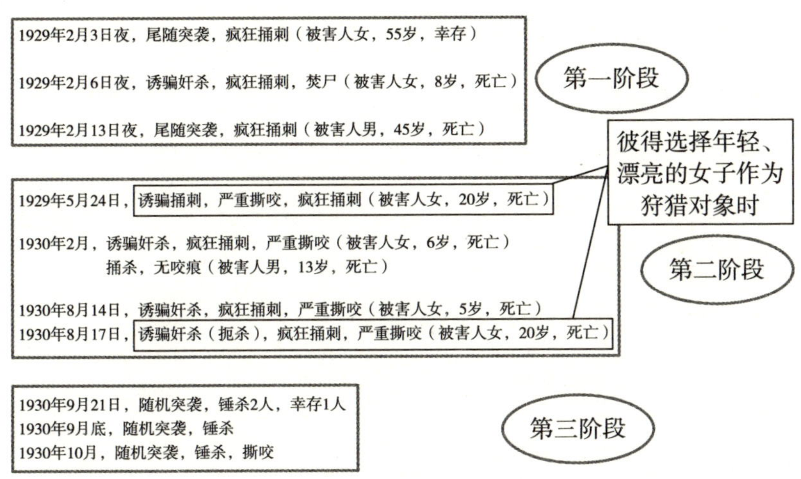

图3–11　彼得·卡尔登连环杀人案（脉络梳理三）

当彼得选择那些年轻、漂亮的女子作为狩猎对象时，其性杀机制也可以获得最大的快感。无论是疯狂的捅刺还是对被害人身体的撕咬，都是彼得施虐淫癖的表现，说白了，彼得真正感兴趣的只有两类人：年幼的女孩和年轻漂亮的女子。当然，对于这些被害人他的犯罪行为也是无所不用其极，这背后隐藏的是他极端的恋童癖。

可以说彼得在连环杀人的第二阶段感受到了极致的满足，这也导致他内在幻想的枯竭，于是催生出第三阶段，一个单纯的“为了杀人而杀人”的阶段。

那么，为什么彼得会放过最后一个被害人玛丽亚·布德列克？

第一个原因：这个时期的彼得已经进入枯竭阶段，面临的是动机的逐渐淡化。

第二个原因（彼得表露）：因为玛丽亚没有反抗。

（3）综合分析二：成分分析——内在不正常的自我证明机制

除了像疯子一样挥动剪刀制造无数伤口外，彼得喜欢的事情还有给警方寄那些充满贬低意味的信，以一种离奇的方式延续自己的快感。

毫无疑问，他有着扭曲的自我证明机制。每次作案后他都会若无其事地来到作案地点，亲眼看着警方找出被他杀害的被害人，而人群的咒骂和恐慌会带给他巨大的快感和满足。他接受了大众给予的“吸血鬼”这个角色，并将杜塞尔多夫市作为自己的表演舞台，将每个案发现场作为自己的表演舞台，享受着这种由恐慌带来的变态欢愉感。

你很难想象一个6岁的孩子面对母亲日常被父亲殴打、欺辱，而自己站在一旁无能为力的感受——那是一种极度的无助和孤独。母亲是这个年龄段的孩子的心理纽带，她被酗酒成性的父亲摧残，但彼得自己因为太过弱小而无能为力，只能默默地在一旁看着。这种情况带给彼得的内在压力是巨大的，这是他选择通过欺负同学、虐待小动物来释放压力的一大原因，而童年的经历可以说是彼得这种以表演型人格障碍为主的不正常自我证明机制形成的一大原因。

因为这样的童年经历，彼得本能化地将欺负母亲、欺负姐姐且无法战胜的父亲树立成强者形象。他恨父亲，但他无能为力，于是彼得习得了父亲的那些暴力——那些可以唤起彼得内在性杀机制并使其作用最大化的小女孩形象，其实对应着小时候被父亲酒后强暴伤害的姐姐形象。

是的，在他看来他变成了像父亲一样的暴君，而杜塞尔多夫市的市民、警察像当年弱小的自己，看着他为所欲为却无能为力，这就是彼得补偿童年经历的另类逻辑。

（4）综合分析三：成分综合分析图

彼得 · 卡尔登犯罪心理成分综合分析见图3-12。

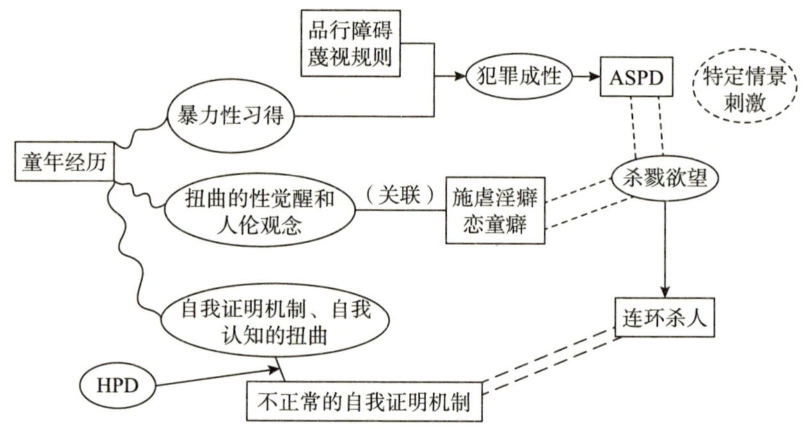

图3-12　彼得 · 卡尔登犯罪心理成分综合分析图

8

圣克鲁兹县的杀手

连环杀手们的“兴趣爱好”可谓五花八门：棋盘杀手每杀一次人就在棋盘上摆一颗棋子；雨夜屠夫林过云喜欢给肢解后的被害人拍照，将其性器官制作成标本；西可多·理查斯克喜欢收集被害人的头发，每次杀人前都会为被害人沐浴、理发；密尔沃基食人魔杰弗瑞·达莫喜欢对肢解尸块进行精挑细选和烹饪；爱德华·西奥多·盖恩喜欢将人皮制作成灯罩和外衣，将人骨磨制成刀具。在凶手们的眼里，各种“纪念品”和标记行为是所谓的艺术气息和成就感的象征。

本书的犯罪人是在犯罪学史上被研究得最多的连环杀手之一——埃德蒙·其普。他杀人、割头肢解、奸尸、酷爱收藏和玩弄被害人的头颅。有人问过他，在看过那些无辜的漂亮姑娘后，是怎么狠下心杀掉她们的？其普的回答是："我的左脑告诉我：'哇，好漂亮，能和她约会的话应该会很不错。'而我的右脑告诉我：'哇，好漂亮的头颅，割下来钉在墙壁上会更加不错。'"

一、案件全貌概述

犯罪人：埃德蒙·其普。

作案时间：1972年5月7日至1973年4月21日。

作案地点：加利福尼亚州圣克鲁兹县。

被害人数：7人（均为女性）。

杀人手法：割喉、捅杀、枪杀。

1. 第一案：蓄谋已久

1972年5月7日，其普在加州高速公路匝道边遇到了两名大学生玛丽·佩谢和安妮塔·露切萨。见两人正要打车去加州的一个森林公园，其普友善地和两人攀谈，说自己就住在那附近，可以顺道送她们过去。两名姑娘对看起来高大憨厚的其普没有起疑心，就上了车。

上车后不久，其普将车开进了高速公路边一个偏僻的分支，他用凶器威胁两个女孩"要好好听话"，然后用手铐将露切萨铐在了座椅上，并套住了佩谢的头，持刀捅刺她的腹部，虽然身中数刀，佩谢还是在一直挣扎和抵抗着想要逃跑。

最后，其普将佩谢彻底杀死了。

露切萨亲眼看到了这整个残暴的过程，她放弃了挣扎，其普将她的手铐打开，把她从车上拖了出去，在她的腹部连捅14刀，然后把她扔到了后备厢。

一连杀了两个人，其普将两具尸体搬回了自己的公寓，在公寓里对尸体进行了处理。他肢解了两具尸体，将头部割下单独摆在自己的床头，其余部分装在塑料袋里，并且对两具残缺的尸体进行拍照。

5月8日，其普将装满碎尸块的三个大塑料袋扔进了圣克鲁兹山。

本案行为小结：

诱骗、捅刺杀人、肢解、头颅收藏摆在床头、拍照、抛尸。

2.第二案：兽性大发

1972年9月14日，其普将自己伪装成长途车司机，将正要去旧金山上学的古爱子（日籍）骗上了车。

随后，其普将车开到了距离上次的犯罪地点不到一千米的小道上，将古爱子打晕，并对其实施了性侵犯，随后将其捅死。

杀害古爱子之后，其普将其尸体带回家后再次奸尸、切割、装袋、拍照，把头颅单独收集在床底。

9月16日，其普将碎尸袋埋在了院子里。

本案行为小结：

诱骗、性侵、捅刺杀人、奸尸、肢解、头颅收藏、拍照、埋尸。

3. 第三案：转换和升级

1973年1月8日，傍晚时分。

女大学生辛迪·莎尔在路边打车的时候遭到了其普的突然袭击。

据其普所言，当时路上一辆车也没有，他觉得这是一个完美的机会，于是他拿出枪，对着辛迪连开4枪，前3枪都没有打中，最后一枪打中了辛迪的头部。

有所不同的是，这一次其普将辛迪的尸体带回了他的母亲坎蒂丝的住处，并趁母亲熟睡之时将尸体藏在了柜子里。

1月9日，在坎蒂丝外出期间，其普把尸体带到后院进行奸尸、肢解，还把头颅埋在坎蒂丝卧室窗外的花台中，其余部分装袋埋在了圣克鲁兹山。

本案行为小结：

突袭式枪杀、将尸体带回母亲住处、奸尸、肢解、将头颅埋在母亲卧室窗外的花台中、埋尸。

4. 第四案：固化

1973年2月5日晚上11点左右，女大学生艾比·盖尔和布丽·安娜在回家途中被其普枪杀。和上一次一样，其普将两人装到车里在街上转到凌晨，待其母亲熟睡后才回家，将尸体藏在衣柜里。

值得一提的是，其普杀害两人的地点就在加州大学内，而且其普还将载着两具尸体的车停在校门口，和校警有说有笑地聊了很长时间才开着车离开。

2月6日，待坎蒂丝一大早出门后，其普将两具尸体搬到床上奸尸，然后分别肢解，把头颅埋在坎蒂丝卧室窗外的花台中，其余部分装袋运到圣克鲁兹山埋掉。

本案行为小结：

突袭式枪杀、将尸体带回母亲住处、奸尸、肢解、将头颅埋在母亲卧室窗外的花台中、埋尸。

5. 第五案：真正的“敌人”

1973年4月21日，其普对他的终极目标动手了。

当天早晨5点左右，其普走到母亲坎蒂丝的床前，将熟睡中的坎蒂丝打昏了过去，然后杀害了她。

其普说杀人可以带给他快乐，而杀坎蒂丝时获得的快乐是杀其他人的几十倍。同时他觉得有那么一丝不可思议，他发现坎蒂丝也是如此容易被杀死，和别的被害人好像也没有什么区别。总之，杀了坎蒂丝之后，其普感受到了前所未有的轻松感。随后，其普进行了奸尸，然后斩首分尸，将坎蒂丝的头颅放在床边。做完这一切，其普在坎蒂丝被血染红的床上躺了一整天。

4月22日，其普离开了家，走之前他还在桌上给警方留了一张纸条："昨天早上5点开始，这个女人再也不会叫唤了，她也没有力气抱怨她儿子是个杀人犯，她很安静，这让我很满意。"

本案行为小结：

弑母、砸晕后割喉、奸尸、肢解。

6. 自首、审判

离开家的其普开着车漫无目的地到处转，他先从圣克鲁兹到了内华达，然后又到了科罗拉多。4月26日，其普走进了一个电话亭打电话向警方自首，一开始警方不搭理他，他连着打了很多次警方才开始注意他。

在警方逮捕他之前，他对警员说了这么一段话："我没有任何力气了……精疲力尽，只是靠着肾上腺素我才走到这里，我必须停止了，真荒唐。”

在警方问讯时，其普十分配合地说出了所有的案件细节，也领着警方找到了那些没有被发现的尸体。

1974年6月，其普由圣克鲁兹相关精神病机构执行精神病鉴定，结果显示其在心理和精神上遭受过创伤。经过大约30天的心智测试后，其普的精神状态被认为不属于正常范畴，而且考虑到他有精神病治疗史，圣克鲁兹法庭对其普的宣判仅仅是终身监禁。

在监狱中的其普表现得相当正常，他喜欢欺负其他重刑犯，而且他熟记了很多FBI的精神疾病类图书，他觉得自己不属于其中任何一种。

7. 判决争议较大

和美国臭名昭著的连环杀手爱德华·西奥多·盖恩被认定为无罪是一个道理，精神鉴定技术在当时的美国非常不成熟而且出错率极高，甚至有一段时间，很多警察署认为将犯罪人判定为精神病罪犯后可以减少工作量，而有意做所谓的减罪鉴定。

其中，“慢性精神分裂症”这种荒谬的说法在减罪书中经常出现，其实真正的“慢性精神分裂症”到现在也没有非常明确的定义。在当时，它要结合病期与临床表现加以考虑，美国精神鉴定机构的鉴定以思想内容贫乏、情感淡漠、意志缺乏、行为退缩等阴性症状为依据，这很不科学，因为大多数变态心理犯罪人都具有这些表征。就拿盖恩来说，其行为和犯罪心理逻辑符合度比较高，大概率属于具有刑事责任能力的群体。而本案的凶手其普虽然没有被判断为完全没有刑事责任能力的罪犯，但其行为很恶劣且加州并没有废除死刑，法庭单单依据其“精神不正常”和其普的自首行为就做了很大程度的减罪处理，使得本案成为有着很大判决争议的大案。

二、犯罪人人生经历简述

1. 埃德蒙 · 其普的人生经历

1948年6月21日，其普出生在加州圣克鲁兹的一个普通家庭，他还有一个姐姐。其普的母亲坎蒂丝是加州大学著名的政治系老师，同时也是政务主管，其普的父亲菲尔德则是一个私人汽车公司的普通职员。这样的家庭虽说不愁吃穿，但因为坎蒂丝的性格异常专横，家里大大小小一切事务都必须由她说了算，于是争吵是这个家庭里很常见的事情。在其普不到9岁的时候，菲尔德终于决定和坎蒂丝离婚，一个人去了旧金山。

坎蒂丝对唯一的儿子其普非常严格，给他制定了很多条条框框，只要他犯了一点错误，就免不了受到一顿严厉的责罚。

最让其普记忆深刻的是在他8岁的时候，母亲因为一点小事把他关在黑暗的地下室里8个月。在这次囚禁后，坎蒂丝把这种惩罚当成了一种常态化的惩罚方式，最离谱的一次是坎蒂丝因为怀疑其普对他的姐姐有性冲动而将他关在地下室。这样的囚禁造成了其普对黑暗的极度恐惧，哪怕是到了监狱里，其普也要求每天晚上开着灯睡觉。在其普9岁的时候，坎蒂丝变得越来越严厉，因为其普“总能让她想起她那该死的前夫”。

无限的责罚和囚禁让其普对母亲充满了不满的情绪，但无处发泄，其普最后把这些痛苦发泄在了小动物身上：9岁的时候，其普活埋了自己家的猫，还把一只野猫活活踹死。11岁的时候，其普把一只家鸟活活拧死。

除了虐待动物，其普还有另外一些恐怖的暴力幻想。他在11岁的时候就经常拿着刀去小学老师的公寓旁边转悠，还会想着“奸杀她是什么感觉”。12岁的时候，其普被母亲送到他的外祖父家。在那里，其普学会了使用猎枪的方法，他经常用枪打死别人家的宠物。15岁的时候，其普第一次杀人了，他杀了两个人——他的外祖父和外祖母。

当天下午，其普的外祖父正在为他准备点心，他的外祖母则在为他准备儿童故事，其普拿着枪从卧室出来，两枪就把外祖母打死了，还用枪托用力砸她的头部，随后又一枪把外祖父打倒在地。杀了外祖母和外祖父后，其普兴奋地给母亲打了电话，告诉她发生的一切。

警察到达现场后一度不相信这是其普做的，当他们讯问其普为什么这么做的时候，其普回答自己只是想知道杀人是什么感觉。其普被送到了加州州立医院精神病治疗中心进行治疗，一治就是八年。

1971年2月，23岁的其普出院了，他的主治医师告诉坎蒂丝，其普已经完全正常了，没有任何危险。但是专横跋扈的坎蒂丝对其普的态度一点也没有改变，两人时时刻刻都会发生争吵。虽然坎蒂丝在学校里的口碑很好，大家都认为她是一个受学生喜爱的好老师，但在其普看来母亲不是这样。他说："我完全受不了这个女人，大学的知识好像没有让她变成一个好母亲，反而让她变成一只爱操控、辱骂别人的野兽。"其普还说，坎蒂丝在家的时候抱怨最多的就是："全都是因为有你这个杀人犯儿子，我已经不知道几年没有和男人在一起了。"

1972年1月，其普从母亲家搬了出来，他在加州高速公路管理处找到了一份工作。在其普看来，自己这么做主要是有两个目的：第一是摆脱坎蒂丝，第二则是准备自己的杀戮计划。从

1月开始，其普就利用职务之便经常在路边帮助别人，身高2.05米的他表现得很亲切，大家都说他是个“乐于助人的巨人”。在开始的一段时间里，其普没有伤害过那些求助者，他在建立一种同事和周围人心中的良好形象，为第一次杀人做准备。

1972年5月7日，在不经意了解到玛丽·佩谢和安妮塔·露切萨都就读于加州大学的一刹那，其普知道杀戮马上就要开始了。他的机会来了。其普回忆道：“开始杀人之前很久我就知道我会杀人，我全都想到了。”

2. 埃德蒙·其普的人生经历小结

首先，其普的童年充满争吵、责备和惩罚，且其普本人出现暴力性幻想和虐待动物行为。其次，在青春期，其普首次通过杀人感受到暴力，并且暴力幻想加速发展、升级。最后，成年后的其普兑现了自己的幻想，疯狂作案。

3. 疑点

在这一系列案件中，警方可以说从头到尾都摸不到其普的尾巴，原因何在？

第一，警方没有及时发现死者尸体。虽然有家属报案，但也迟迟找不到尸体，警方很多时候没有意识到这是一起连环杀人案。

第二，警方的调查方向错了，受到了其普的干扰。在艾比·盖尔和布丽·安娜失踪后，警方在加州大学进行可疑人员调查时，其普主动和警察攀谈，说看到一群人把两个姑娘带走了。其普还会经常去附近的便利店询问警方的调查进度，就连警察都对他很熟悉了。最后其普自首时，警方还以为他是在和他们开玩笑。

第三，警方的办案思路很乱。在其普作案的相同时间跨度里，加州及附近一共有三名毫无关联的连环杀手（赫伯特·慕林、约翰·佛拉瑟和埃德蒙·其普）在作案，而且地点相距不远，偶尔有人发现了尸体，警方也搞不清楚到底是哪一起合并案里面的。

埃德蒙·其普于圣克鲁兹县实施的连环杀人案是众多犯罪学者的经典研究案例，之所以说此案很经典，是因为其普的身上具有连环杀手犯罪心理中非常有代表性的两种机制：一种是代偿，另一种就是性欲倒错支配下的性犯罪二重机制。

三、犯罪心理成分分析

1. 系列案件定性

以杀人、奸尸和肢解为基本犯罪手法，以自身性欲倒错障碍和代偿式杀戮为心理性动机的连环杀人案。

2. 犯罪心理主要成分

埃德蒙·其普的犯罪心理主要成分=极端的性欲倒错障碍（主）+代偿宣泄式杀戮欲望（主）+反社会人格障碍（ASPD，辅），埃德蒙·其普的性欲倒错障碍=极端的真性恋尸癖。

3. 主要成分分析（含行为分析）

从总体上来看，其普的主要犯罪心理结构呈现出“两君一臣”的模式。两君，即极端的性欲倒错障碍和代偿宣泄式杀戮欲望，这两种成分是最重要的，也是主要的行为驱动力。一臣，即反社会人格障碍，它为前两种主要内驱力提供源源不断的犯罪欲望以及发展的土壤（如图3-13）。

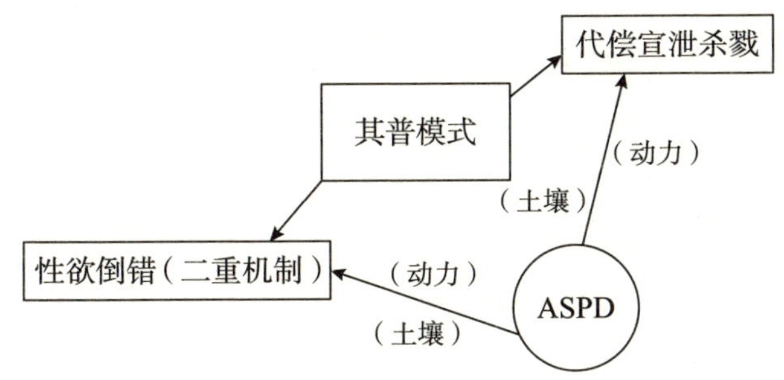

图3-13 其普模式的大体构型

（1）埃德蒙·其普的反社会人格障碍

从反复违规的角度去理解其普的反社会人格障碍，我们可以发现其普“与众不同”的地方。他的品行障碍行为不像别的连环杀手那样开始只是体现在偷窃、抢劫等犯法行为上。15岁之前，他的爱好是虐待动物和各种性幻想，比如其普喜欢虐杀动物后将头砍下来挂在自己的卧室里，为此他杀了自家的猫；其普的姐姐曾经送给其普一个娃娃，但是第二天其普就将娃娃的头和手都割下；其普对他的姐姐说自己对老师抱有性幻想，而且还想奸杀她……

根据《精神障碍诊断与统计手册（第五版）》（DSM-5），品行障碍是一种反复持久侵犯他人基本权利、违反和年龄匹配的主要社会规范的行为模式。其普残忍伤害小动物等行为符合品行障碍的鉴定标准，而15岁前的品行障碍是反社会人格障碍的重要依据。屡次出现这样充满暴力色彩的品行障碍行为，会使得后续反社会人格障碍具有高度的暴力性，也是恰好在其普15岁的时候，这种违规行为发展、外化为杀人行为。

笔者说过，小时候对动物施虐，其本质是受到挫折后的一种不良化反应。对于其普来说，这种挫折来自母亲过度的责罚和管制，当受挫折程度超过他的控制水平，他就会选择实施虐待动物这样的攻击性行为。这其实是一种寻求内在创伤恢复的途径，对暴力行为进行学习模仿并施加发泄在动物身上，就会对这一挫折适应方式产生舒适感。而这种对待挫折的行为伴随着明显的心理宣泄，是具有情绪性的，借虐待动物来表明自己的“强大”，以寻找畸形的内在平衡。可以说在之后的整个系列案件中，这种以内核为暴力的反社会人格障碍一直都在为其他主要犯罪心理成分提供土壤和支持。

（2）埃德蒙·其普的代偿式宣泄杀戮欲望

大家都知道其普的杀戮有代偿机制，但是他的代偿不太典型。拿连环杀人凶手泰德·邦迪来说，他的代偿主体是前女友斯蒂芬妮，他在连环杀人案中以斯蒂芬妮为代偿主体，不断寻找符合其特质的女性：长发、中分，白种人，长相漂亮，家庭条件优异。也就是说，他寻找的被害人是那种和代偿主体有外在相似性的个体。

寻找那些与代偿主体具有很高相似度的被害人，并把被害人形象主观构造成类似代偿主体的形象（这种构造或特异性选择的形象一般就是对凶手价值观带来颠覆的人，是造成他畸变心理的最初刺激源），以此为标准选择被害人进行杀戮，最后把目标指向代偿主体，这是最典型的代偿杀戮。但是，让我们来看看其普的被害人。

第一案：玛丽·佩谢（22岁，加州大学学生）、安妮塔·露切萨（20岁，加州大学学生）；

第二案：古爱子（日籍），此案具有动机特殊性，将在下一个部分详细分析；

第三案：辛迪 · 莎尔（19岁，加州大学学生）；

第四案：艾比 · 盖尔（23岁，加州大学学生）、布丽 · 安娜（20岁，加州大学学生）；

第五案：坎蒂丝。

由此，我们可以看出，充当代偿个体的被害人均为加州大学的女学生，但是和代偿主体没有外在的关联性。按照最经典的代偿机制，其普应该去找和坎蒂丝外在相似度更高的人作案，但是他没有，这就是其普最为特殊的地方。出现这种代偿的原因是，在其普看来，他对母亲的报复和宣泄是等价的（图3–14）。

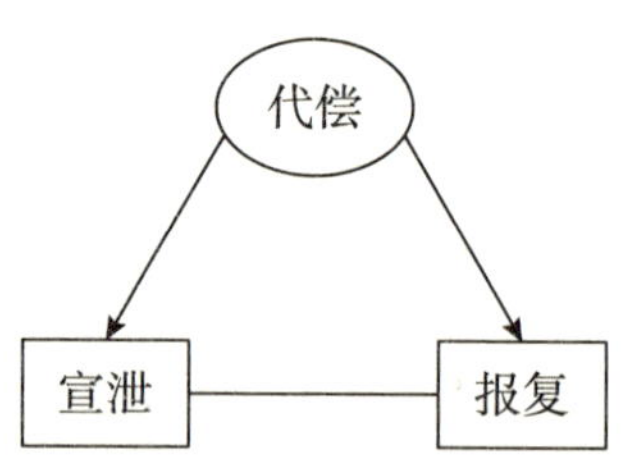

图3–14　特殊代偿要素

如果他去寻找那些和母亲有共同特征的女人下手，虽然可以在一定程度上宣泄自己的欲望，但是报复的欲望得不到满足——杀了那些无辜的女人对坎蒂丝没有丝毫影响。但是，如果他去杀那些坎蒂丝教过的，或者经常在学校里见到的学生呢？如果可以把坎蒂丝那些疼爱的学生杀死，在她家里、在她的眼皮子底下肢解、斩首呢？这才是对坎蒂丝最大的报复。

（3）埃德蒙·其普的犯罪行为

第一案：诱骗、捅刺杀人、肢解、头颅收藏摆在床头、拍照、抛尸；

第二案：诱骗、性侵、捅刺杀人、奸尸、肢解、头颅收藏、拍照、埋尸；

第三案：突袭式枪杀、将尸体带回母亲住处、奸尸、肢解、将头颅埋在母亲卧室窗外的花台中、埋尸；

第四案：突袭式枪杀、将尸体带回母亲住处、奸尸、肢解、将头颅埋在母亲卧室窗外的花台中、埋尸；

第五案：弑母、砸晕后割喉、奸尸、肢解。

a.分析一：杀人手法揭示代偿特征

根据图3-15所示，其普杀人手法的变化基本上可以归纳为：由刀杀（捅刺、割喉）到枪杀再到先砸晕再割喉。在开始杀人的时候，我们可以发现其普其实是不那么顺利的。这个时期，其普杀人的“技巧”还不够熟练。

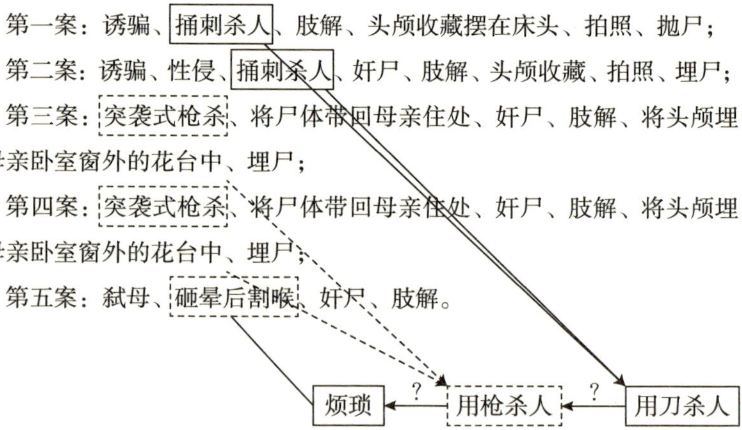

图3–15　系列案件中杀人手法出现三个变化

之后，其普感觉用枪杀人很方便，而且用枪杀人让他感觉更加安全。但在第五案中，其普又改成了刀杀。其普杀坎蒂丝的手法可以用“复杂”来形容，其普先把熟睡中的坎蒂丝砸晕，然后割喉。这的确很麻烦，甚至好像有点多余。这个问题的答案要从心理机制去思考。

坎蒂丝这个代偿主体给予了其普太多的痛苦和控制，其普对坎蒂丝是畏惧的。哪怕是面对熟睡中的坎蒂丝，其普也不敢造次，砸晕的本质是对她进行的一种“控制”——只有确保坎蒂丝没有反抗的能力，其普才敢做自己想做的事。那么，为什么要割喉？这是因为其普想要让母亲闭嘴。就像其普对警方说的：“她大吵大闹、唠唠叨叨了这么多年，我必须割了她的喉咙才能让她彻底闭嘴。”

和经典代偿一样，杀掉代偿主体后，其普的犯罪心理结构会迅速枯竭。当警方问他为什么自首时，其普是这么说的：“杀人的理由没有了，这个事越来越沉重了……仇恨和恐惧都熄火了，我觉得一切都是浪费时间。我不能永远杀下去，太累了……几乎就是油尽灯枯的感觉，我就想，老子不干了，老子没劲了。”

b.分析二：头颅处理手法揭示两大主要犯罪心理成分

根据图3–16的分析，为什么其普对被害人头颅的处理会出现这样的变化呢？这是因为两种处理方式分别是两个主体犯罪心理成分的驱动结果。一方面，把头颅埋在母亲窗台边，头颅正对着窗户。其普真实的心理动机是这样的：“你不是一直想要受人仰望吗？好吧，现在我把你的好学生在你家里斩首、肢解了，让她一直仰视着你。”其本质是代偿中的宣泄—报复因素的外化结果。另一方面，其普对头颅的收藏，则是受到极端性欲倒错障碍支配的结果。

第一案：诱骗、捅刺杀人、肢解、头颅收藏摆在床头、拍照、抛尸；

第二案：诱骗、强奸、捅刺杀人、奸尸、肢解、头颅收藏、拍照、埋尸；

第三案：突袭式枪杀、将尸体带回母亲住处、奸尸、肢解、将头颅埋在母亲卧室窗外的花台中、埋尸；

第四案：突袭式枪杀、将尸体带回母亲住处、奸尸、肢解、将头颅埋在母亲卧室窗外的花台中、埋尸；

第五案：弑母、砸晕后割喉、奸尸、肢解。

头颅收藏 ? 将头颅埋在母亲窗前

图3–16 被害人头颅的处理

图3–17为埃德蒙 · 其普的综合行为动机总结。

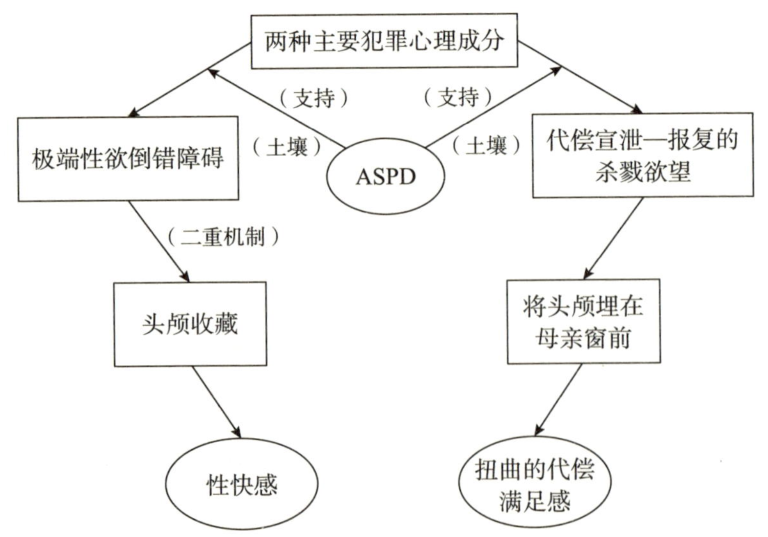

图3–17 埃德蒙 · 其普犯罪心理成分分析图

（4）埃德蒙·其普极端的性欲倒错障碍

总结其普的行为，他具有真性恋尸癖的诸多特征，他在整个系列案件的每个个案中都有奸尸行为，而且对死物的迷恋充分体现出恋尸定向。所谓恋尸定向就是指某人对没有生命特征的东西具有亲切感（如尸体、尸体的某些部位、腐物、粪便等）。这些行为受到极端性欲倒错障碍的支配，体现出性犯罪的二重机制。

此案中的二重机制为：第一重机制主要是通过强迫式地和被害人发生性关系来获得性快感。第二重机制为奸尸、收获尸体的局部、拍照留念。

这个时候，我们就可以看看第二起案件的特殊之处了。第一，第二起案件的被害人是一个日籍女孩，不符合其普对被害人的选择规律。第二，被害人不符合其普选择加州大学女学生的要求。第三，其他案件里都有第二重机制（奸尸行为），唯独第二起案件是先奸后杀，体现出了性犯罪第一重机制的同时还有第二重行为（奸尸）。第二起案件中出现了两重机制并存的情况。之所以会出现这种特殊性，主要原因是这个女孩真正刺激到了其普的性幻想，将其普的性犯罪的欲望最大化。这一起杀人案与代偿杀戮那一条行为脉络没有关系，简单来说，这一起案件属于整个系列案件中性欲倒错行为的欲求最大化案件。

9

白教堂血案——是时候揭开那腥臭无比的面具了

1888年，多事之秋，凌晨时分的街道狭窄而昏暗，被雾气笼罩着，四处布满了牲畜的血迹和粪便，到处流淌的污水让人不禁掩鼻。只见一个表情狰狞而恐惧的女人躺在地上，她的身上流出很多血，但马上就和地上的牲畜血交融在了一起。

惊人的出手、神秘的消失、闻所未闻且无比残暴的手法，在短短两个多月时间里连杀5人并全身而退，有人称他为“妓女杀手”，有人称他为“地狱的使者”，甚至有犯罪学研究者称他为“连环杀手的鼻祖”。开膛手杰克犯下的白教堂血案属于世纪谜案，是连环杀人案历史上非常重要的一宗案件。

一、罪案全貌概述

1. 案件基本情况一览

作案时间：1888年8月31日至11月9日。

作案地点：英国伦敦东区。

被害人数：5人。

杀人手法：割喉、勒杀。

2. 五起血案一览

（1）沉默的波莉

1888年8月31日凌晨不到4点，查尔斯·克鲁斯就起床去交接班了——他是附近工厂的工人。走到白教堂附近的一条小巷中时，他看到一堆破布，靠近后借着煤油灯一看才发现那居然是个女人——一个怒目圆睁的女人。

一开始他以为只是个喝醉酒的女人，但再走近一看，女人脖子上血淋淋的伤口让他惊恐地大叫起来，他跌跌撞撞地跑向治安署报警。几分钟之后，治安警官内尔到达了现场。尸体基本情况整理如下：被害人仰躺于地，裙子被掀至腰部；脖颈几乎被割断，此处伤为致命伤；被剖腹，腹部有一条长而深的倒“V”形伤口，伤口如图3–18所示。

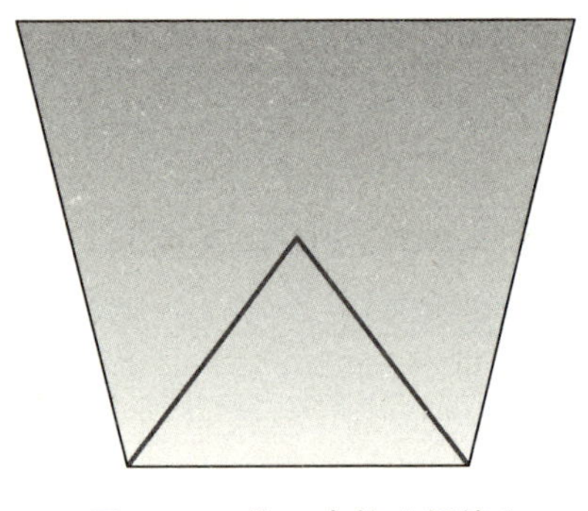

图3–18　伤口走势（折线）

接着，警方展开了对其身份的调查，最后是一名兰贝斯贫穷妓院的工作人员认出了她：42岁的玛丽·安·尼克尔斯。

玛丽平日里自称波莉，是一个锁匠的女儿，曾经嫁给了印刷工人威廉·尼克尔斯，他们有5个孩子。但是因为玛丽嗜酒成性，成天无所事事，1887年7月两人婚姻破裂，玛丽沦为伦敦东区的妓女，靠出卖肉体换取住宿费和酒钱。

这个案件的调查到这里就陷入了僵局，警方称自己“从来没有遇到过这样的案件”，当时的案件调查负责人弗雷德里克·乔治·阿伯莱恩提到3个自己当时遇到的困难：没有目击证人；没有发现现场遗留的证据（如凶器等）；住在附近的居民也不能提供帮助（他们没听到任何异常的声音，也没看到什么奇怪的人)。

那么，倒“V”形剖腹的行为意义和动机是什么？答案会在后面公布。

(2)悲惨的安妮

1888年9月8日早上5点20分左右，家住汉伯来街29号楼的车夫约翰·戴维斯在准备出工时发现后院有一具女尸。

尸体基本情况整理如下：仰面躺于院中，裙子被掀到腹部；左手正放于胸前；膝盖被弯向内侧，腿被弯曲起来，脚着地；脸肿胀，舌肿胀，外伤明显(遭遇过殴打和虐待)；遭到倒“V”形开膛；内脏被扯出；颈部有很深的伤口，伤口几乎绕脖一圈，但边缘不整齐，而且伴有少许勒痕；子宫以及一部分膀胱缺失。值得一提的还有两点：凶手在走刀的时候显得十分专业，刀口精准地避开了直肠和子宫颈；凶手取走了死者的铜戒指。

第二天警方结束了认尸流程，确认了死者就是47岁的安妮·奇普曼。不得不承认，安妮是一个很悲惨的女人，她在28岁时嫁给了又老又丑的马车夫约翰·奇普曼，生了3个孩子，其中两个因为脑膜炎夭折，还有一个先天残疾。夫妻俩都酗酒，但至少在1886年约翰去世前，安妮还可以卖花、做女红养家。但约翰死后安妮就彻底变了：沉沦和备受生活打击的她开始流连于伦敦东区进行性交易，直到被杀死。

关于安妮的死亡时间，几乎所有的资料都标注在凌晨4点至5点。但问题是，住在汉伯来街29号楼的艾米莉亚给警方的确切说法是当时（4点50分左右）她正在门口整理工具，如果当时安妮躺在后院，那她肯定可以看到。很明显，这条重要的线索指向的是：安妮或许是被移尸此处的。

那么，凶手拿走戒指的行为意义是什么？颈部伤势分析有何结果？凶手移尸的行为意义是什么？答案会在后面公布。

（3）一夜两尸

1888年9月30日凌晨1点左右，犹太人路易斯·迪亚姆舒茨在白教堂博纳街国际工人俱乐部发现了伊丽莎白·斯特莱德的尸体。

安妮案的验尸员菲利普斯来到尸体所在的走廊，总结他给出的医学报告有以下要点：脸部受到严重破坏，有数道割伤，鼻尖都快要被割下，右耳被割下且遗失；尸体向左侧卧于走廊，腿蜷曲；脖颈几乎被割断（致命伤）；出现倒“V”形剖腹伤，部分消化器官漏于一旁；左侧乳房缺失。

被害人资料较少，不过能确定的是：年龄45岁；瑞典人，移民到英国；是一个家庭佣人，兼职做针线活和性交易；9月30日遇害当晚没有告诉任何人她要去哪里就离开了公寓。

就在警方还在为这个案子焦头烂额的时候，距离此处不过

1.3千米的主教冠广场又出事了。

凌晨2点20分左右，主管主教冠广场地区的爱德华·华特警官在巡视过程中发现了一具尸体，他马上跑去找到守夜的警员莫里斯，同时叫来了更多的警察，在广场附近搜查可疑人员，但一无所获。

凌晨2点40分左右，验尸员弗雷德里克·乔丹先生来到了现场，他给出的医学报告信息如下：尸体呈仰躺姿势，衣服被掀到腰部；被勒死，凶器疑是一边的半截马鞭；遭到了倒“V”形剖腹，部分器官被扯出体外。

随后，警方从尸体衣服的口袋里找到了可以识别其身份的凭证，最后确认了死者是46岁的凯瑟琳·爱德乌斯。她就住在附近的洛克街55号，但和其他被害者不一样——凯瑟琳是个遵纪守法的良家妇女，一直以来她都和丈夫约翰·凯利住在一起，靠在商场推销衣服为生，育有两个孩子。

另外，其丈夫向警方透露遇害当晚她出去和朋友喝了很多酒，自己因为太困睡着了没去接她。还有一个警察记得在距离主教冠广场不到1.6千米处见过凯瑟琳，当时她走路东倒西歪，还问过路人时间。

那么，主教冠广场案有什么特殊之处？指向了什么？答案会在后面公布。

（4）巡游日最后的疯狂

9月30日那个夜晚发生的一切让整个伦敦陷入恐慌——特别是白教堂一带的居民，他们被深深的不安和恐惧情绪困扰，很长一段时间只要天一黑，街上就没人了，而其他区的人也都尽量不进入东区，这让东区本就萧条的经济雪上加霜。

虽然无法抓到凶手，但警方也没闲着：他们走访了数千户人家，提醒他们要注意安全；印发了上万张传单（包括求助信和警告单）；加大了巡查力度，甚至让部分女警员假扮成妓女半夜到街上去“拉客”。

这些方法好像还起到了一点作用——至少没有再出现案件了。但随着时间的流逝，人们的生活又逐渐恢复了正常，特别是那些贫穷的妓女，她们又开始重新接客。

在伦敦市内，伦敦市（伦敦金融城）市长拥有最高的优先权，并且有一定的传统特权。市长会在每年11月的第二个星期五就职，就职第二天会举办市长大人巡游。这一天就是“市长巡游日”，这对于伦敦人无疑是一个十分重要的节日。1888年11月9日的“市长巡游日”却着实有点瘆人。

这天早晨，米勒宅13号的房主托马斯·李去玛丽·凯莉那儿收房租，见敲门后无人应答，就拉开了窗帘。透过窗户看到房中的情景后，他惊恐地去找了警察。

沃尔特·杜尔是本案的调查员，他这样描述当时的情况："当我的眼睛逐渐适应了屋里暗淡的光线之后，我看到了一幅有生之年永远无法忘记的景象。"

验尸员巴戈斯特对于死者的医学报告足足有3页，将其中的重要信息总结整理如下：被害人全裸，躺于床中央；遭到倒"V"形剖腹；大腿被剥皮（伤口起于大腿内侧根部）；双乳被切下；脸部被严重破坏，鼻和耳被割下；割喉是主要死因；部分内脏被取出；砍伤遍及全身，可以确认死者生前遭到虐待，死后全身各处也被刀破坏得相当严重；在桌上发现了一个信封，信封里有一只被防腐液浸泡过的耳朵，上面的耳饰和9月30日夜伊丽莎白的左耳耳饰相同。

死者玛丽和案件里其他的受害妓女不太一样——她是个年轻漂亮的妓女，死的时候只有30岁，周围人对她的印象也很好，都说她"身材高挑丰满，穿得很整洁，有着像百合花一般甜美的笑容"。正是因为长得好看，有几个男人包养她，所以她不需要像多数妓女一样到街上去拉客。

警方最初的调查是针对和她有密切联系的男人（尤其是那几个包养她的男人），还有那些看着"有很奇怪举动"的男人，所有的嫌疑人都被调查了。到头来还是竹篮打水一场空，什么都没有查出，案件调查再次陷入僵局。

另外，在现场发现的一只耳朵让警方震惊不已，因为它和9月27日新闻中心收到的一封全文用红墨水写的信有关，这封信就是著名的“开膛手红色信件”，内容如下：

亲爱的老板：

我不断地听到警察已经将我逮捕的消息，可惜这不是真的。

当听到他们自作聪明地说案件的调查已进入正轨的时候，我实在忍不住要大笑。

我恨妓女，我是不会停止剖开她们的，除非你们能抓到我。

上次干得不赖吧！我根本没给那个女人喊叫的机会。

你们怎么会抓到我呢？我爱这份工作，我还会干下去的。

你很快就会听到我干的有趣的小把戏。我上次留了一姜汁啤酒瓶的“红颜料”，可惜它很快就黏得像胶水一样没法用了，用红墨水也可以满足我的愿望，哈哈！

下次我会用剪刀，把那个女人的耳朵割下来送给警察，是不是很好玩？留着这封信，等我再完成一点工作再亮出来。

我的刀实在是锋利，太好了，一有机会，我真想马上投入工作。

你真诚的开膛手杰克

在信的下方还水平地写着这样一行字：

你看，他们又开始说我是个医生了，哈哈哈！

这封信一开始并没有引起警方的注意，因为从第一起案件开始，就有数以百计的信件寄给警察，其中说自己就是开膛手的也数不胜数。

除了这封红墨水信，还有一封9月29日当夜寄到警察手中的信也受到专家们的高度关注。这封信的笔迹和两天前的红墨水信相同，是当天晚上9点寄到警察局的。信的内容如下：

你们明天就会听到杰克这次干掉两个。上次那个该死的女人叫了起来没干利索，没来得及割下耳朵送警察，那就这一次吧。

公众对警方办案的不满情绪日益加剧，就连维多利亚女王也对首相说，国家侦探（警察）的水平必须有所提高，他们不称职。

当时唯一站在警察一边的是《泰晤士报》，它对此案的评价是："这个凶手极其狡猾，他的行为十分谨慎，完全没有什么办法追踪这个罪犯，追查他也难以找到线索，警察只能靠碰运气才可能找到他。”

第二年（1889年）2月，警察的行动渐渐停了下来。后来，在1889年7月和1891年2月伦敦也出现过割喉的事件，但是都随即抓到了犯罪人，被定性为模仿作案。

3.警方抓不到凶手的四大原因

（1）对性变态类杀手完全不了解，缺乏类似案件的办案经验

对这类犯罪必须具有一些较为明确清晰的办案思路和调查方法，但在当时的英国几乎没有发生过类似的案件，警方对这种案件的调查毫无头绪，以致办案效率非常低下。

（2）法医学技术和条件都非常低下

法医鉴定科学系统到20世纪晚期才问世。1888年时伦敦连专职法医都没有，很多验尸员都是外科主治医师临时受命，部分案件的死因判别写得很含糊。至于验尸，当时也没有专门的验尸房，有时甚至就在现场写报告，写完就把尸体处理了。

一般认为，尸体是会诉说自己的经历、讲述行凶者的罪行的，而落后的法医鉴定条件却让死者申冤无路。

（3）刑侦学技术的落后

就拿指纹鉴定来说，阿根廷是最早把指纹识别技术运用

到刑事侦查中的国家。那是1892年的一起谋杀案，利用一枚大拇指指纹成功地让犯罪人俯首认罪。指纹学先驱胡安·布赛蒂奇是一名阿根廷警察，他深信指纹的识别力，并将其投入分类统计系统。他在1904年发表的识别理论被很多南美国家沿用。

再看看英国，在1888年英国人对指纹和DNA的采集工作用一个词形容就是“荒谬”，甚至警察也不知道为什么要这么做，要采集什么。他们把指纹称为“指印”，就算碰到窗上有一枚清晰的指纹，也没有什么用。直到1901年，英格兰才有了第一家中央指纹所可以提供指纹鉴定，至于毛发、纤维等微量证据，自然也不会去采集。侦查技术的落后让很多证据无法被正确地对待和利用，这是让犯罪人逍遥法外的一大原因。

（4）犯罪人自身具备一定的反侦查能力，属于偏有组织型杀手

这里笔者只说犯罪地点的选择，杰克无疑为自己选择了一个很好的狩猎场。维多利亚时代的伦敦东区是个大贫民窟，这里的人90%以上都生活在社会底层。这里妓女成群，到处都是他的猎物，1888年警察初步估计，仅白教堂一带就有1500多个妓女。正是因为这里底层人群聚集，社会影响力也没有其他地区大，警方在前两起案件中对案件不上心就是这个原因。

二、犯罪心理简要分析

1.厘清案件中的种种行为

把开膛手杰克称为“连环杀手的鼻祖”是有一定道理的，因为他的特点很明显，而且从他的身上可以看到无数连环杀手的影子。下面先对系列案件中开膛手的重要行为逐一进行分析。

（1）行为证据一分析：将被害人裙子掀至腰部

这个行为被后来很多连环杀人犯做过。例如白银市连环杀人案罪犯高承勇。1988年5月26日，被高承勇杀害的被害人，上衣被掀至胸部。1994年7月27日，被高承勇杀害的被害人，全身27处刀伤，上衣被掀至胸部。

这是一个相当矛盾的动作：一方面，“露而不裸”的状态表达着犯罪人的动因和“性”脱不了干系；另一方面，这个动作的出现通常不会伴随性侵的行为。

其中的逻辑是：如果行为人想要和被害人发生性关系，扒干净才是最彻底的意图表达方式，而这个临界状态透露的是“被害人已经被我控制，为我掌控”，如果达到这个状态，行为人就满足了。所以在这里我们至少可以肯定的是：行为人追求的是对被害人的控制。

另外，性侵也是完全可以满足控制欲的，那么问题来了：到底为什么不实施性侵行为？整个白教堂血案5起案件，没有一起有性侵或奸尸行为，这到底是为什么？笔者提供两个思路如图3–19所示。

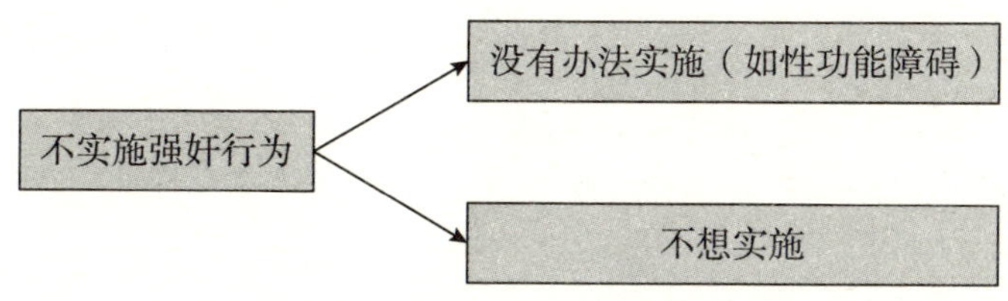

图3–19　凶手不实施性侵行为的原因分析

还是先说白银市连环杀人案，当时笔者的分析是：在该案第五起案件前，高承勇和被害人始终没有生殖器官的接触，笔者认为这不是源于生理上的障碍，而是他不想去做，这源于一种对被害人的不屑和鄙视。该案第三起案件的现场环境完全可以让凶手很清楚地判断出被害人是独自居住——他有充分的时间去做很多事，但就是没有性侵之类的举动。而第四起案件有这样一个细节——被害人的裤子只是被扒到膝盖处。如此别扭的姿势，表明凶手压根没想和被害人发生关系。

但性侵行为在第五起案件中突然出现了。之前笔者考虑过，可能是性功能间歇性障碍，但还是觉得很牵强，因为这类问题哪怕得到很好的治疗，病患的性功能也很难发生由极弱到恒强的转变。

那么从第五起案件发生转折的关键到底是什么呢？是被害人的年龄因素。被害人是个小女孩，这是一起意外案件，高承勇的目标本来很可能不是这个小女孩，这让他在面对小女孩时，表现出连环杀人少有的不连贯性。我们可以从这个行为中解读出，这个年龄的幼女让他心里感觉舒适。

因此，当他突然面对年幼无知、便于掌控的小女孩时，他改变了手法。因为被害人是小女孩，他会产生性侵的欲望，也会产生奸杀后藏尸的愧疚心理，或者说，他痛恨和厌恶的是女性叛逆、复杂的成年时期。对于把衣服扒到一半的那几个被害人，他怀有不屑和鄙视的心态，不屑和她们发生关系，而对于思想简单、心思纯净的幼女，他有一定的好感，并会被激发性欲。

这就是第二种情况（不想实施性侵行为）。那么开膛手是不是也是这种情况呢？笔者的答案是否定的，开膛手很有可能是第一种情况——“没有办法实施”。

首先，五起案件都伴随着性暴力的特点，但在笔者看来，最有分析价值的莫过于第五起案件，原因是前四起案件有一些“常态化”的特点，但是第五起案件的暴力阈值俨然到了另一个级别，不知道大家在看第五起案件的时候有什么感受，笔者的感受总结就是：对被害人进行最大限度的破坏，甚至毁灭。

如果说前几起案件他割耳朵、割鼻子可能是为了引起轰动效应，但这起案件他选择了不易被人发现的室内，而被害人也和以往不一样了（一个年轻貌美的妓女）。此外，往常他会把尸体带到容易被人发现的地方“供人观赏”，但这次没有。

到底为什么要竭尽全力去破坏这个被害人呢？笔者的解释是，因为“得不到”，所以只能毁灭。这个女人或许对他而言意味着美好，但因为某些原因，连她的肉体都无法得到，所以他非常愤怒地把她摧毁了。和白银市连环杀人案一样，“毁灭那些我所得不到的美好”。

（2）行为证据二分析：倒“V”形剖腹

此种剖腹伤口的数次出现不是偶然或无意之举，而是具有凶手想要表达的特殊意义。正“V”形是英国文化中的一种重要的仪态和礼仪，在演讲和其他场合伸出右手食指和中指，手心向外构成“V”形手势，这代表成功和尊重。而倒“V”形完全相反，它代表了“失败”“侮辱”“轻视”。也就是说，这种剖腹方式代表着开膛手对死者的侮辱和蔑视。

（3）行为证据三分析：将死者左手正摆放于胸前

左手正摆放于胸前，这是英国军方19世纪所行的一种军礼，代表对上级最高的敬意、绝对的服从和忠诚。开膛手认为自己高人一等，要求被害人视自己如同神明，这暗藏了开膛手内在的傲慢，以及对死者的蔑视、控制欲。

（4）行为证据四分析：安妮案的颈部伤口

颈部有很深的伤口，几乎绕脖一圈，但边缘不整齐，而且伴有少许勒痕。安妮的死亡原因是割喉，但不同于第一起案件，这次割喉不怎么顺利，因为他没能将其割到第一案中那种几乎断颈的程度，所以有了参差不齐的伤口。凶手十分不满意，没想到会出现这种失败，他用刀又重新割了好几圈才罢手。至于勒痕，结合艾米莉亚提供给警方的确切说法和相关线索，整个手法和犯罪过程可以还原为：凶手将安妮骗出，趁其不备用绳勒颈将安妮勒晕，然后将其杀害、剖腹，最终移尸后院。

（5）行为证据五分析：移尸安妮

安妮被害的第一犯罪现场至今仍是个谜，但是不影响移尸点（发现尸体的地点）汉伯来街29号楼是分析的突破口。

凶手移尸冒着两个风险：这个后院有5个人的房间处于正对的方向，另外隔一条街对面就是斯派特市场，这个市场早上5点就开始营业，到处都是卸货的商用车，极容易暴露身份。按照死亡时间来看，天已经蒙蒙亮，很容易暴露面容。但凶手宁愿冒着危险移尸，就是为了将自己的“作品”展示出来。

在大众视野下作案，然后逃走：一方面可以彰显自己“非凡”的作案能力，满足其表演型的变态人格需求；另一方面可以充分点燃民众的恐慌情绪。

（6）行为证据六分析：拿走死者戒指

安妮的戒指是一枚铜戒指，相当廉价，很容易看出凶手的目的不是财（其他案件没有出现财物丢失的现象）。最为简单的分析就是：戒指象征的是美好的爱情，但在凶手看来这不是妓女应该得到的东西，她们不配，所以将其取下带走了。

（7）行为证据七分析：主教冠广场案

此案件有两个地方和其他案件不同：被害人选择出现异常，杀人手法出现异常。

此案的被害人是一个很正常的家庭妇女，而且杀人手法是勒杀，是一次具有很强偶然性的作案，因为在红墨水信件中凶手说过会在某夜“干掉两个”。他在30日凌晨零点30分左右杀了伊丽莎白后，杀人欲望和性变态方面的欲望得到了短暂的满足（暂时枯竭），但因为那封信，他必须再找一个受害者，于是他盯上了喝醉酒的凯瑟琳，一路尾随，最后将其勒杀。

在这个过程里，凶手没有过多地选择被害人的职业，也就是说，这起案件完全是为了实现信件中的“承诺”而寻找被害人的随机性案件。在这宗系列案件中，还有其他很多细节行为，比如，割下人体器官带走（连环杀手的“纪念品”行为），过度行为（在杀死被害人后对其尸体施加的过度行为，主要目的在于泄愤）。

三、犯罪心理简要分析

1. 犯罪心理成分分析

开膛手杰克的主要犯罪心理成分=极端的表演型人格障碍+反社会型人格障碍+极端的性欲倒错人格障碍+连环杀手的杀戮欲望+极端的控制欲和代偿泄愤情绪。

2. 详解

（1）一对“经典组合”——极端的表演型人格障碍+反社会型人格障碍

先说一个案例：30年，至少10起命案，3个英文字母B、T、K，这些数字与字母从1974年开始，让美国堪萨斯州居民人心惶惶，焦躁不安，直到2005年才松了一口气。

B代表捆绑，T代表虐待，K则代表杀害。捆绑（bind）、虐待（torture）、杀害（kill），这就是自称BTK的变态杀人魔所犯下的恶行。具体手法在这里不予分析，笔者选这个连环杀手的目的是分析他下面这几个和开膛手杰克相似的行为：

- 作案后有给媒体写信暗示身份的行为。
- 在1974年第一次作案后，故意留下线索与警方玩猫捉老鼠的游戏。他还大胆到自己打电话给911报案专线，坦承自己的杀戮行为。
- 将一名被害人的驾照与遭凌虐后的3张尸体照片一并放在信封中，寄件人则署名“账单算在凶手汤玛斯身上”（Bill Thomas Killman，“BTK”）。他在信中还宣称自己想要获得美国全部民众的注意，之后BTK又陆续给出很多线索，以求制造BTK恐怖气氛，最终也因为这些线索被捕。
- 写诗，想为自己著书。

这些行为表现出笔者要说的两种非常极端的人格障碍（反社会型人格障碍和表演型人格障碍）。下面我们来分析这两种人格障碍的特征。

a.反社会型人格障碍。

可分为“冲动—攻击型”和“社会退缩型”。前者往往15岁前就开始表现出攻击性，具有终身发生身体暴力的倾向，特征为高度攻击性和高度冲动性，反社会型人格障碍会随年龄增加而减弱，这也是BTK老年被捕的原因之一；后者无攻击行为。

无羞愧感，缺乏和焦虑相关的自主神经反应。

行为无计划性，大多行为为偶然动机，由情绪冲动或本能愿望驱使。（需要注意的是，复杂性精神病态者往往在事发前有计划，而且可以达到行为目的，单凭这一点无法否认或证明反社会型人格障碍的存在，比如丹尼斯 · 雷德。）

社会适应不良：行为与公认社会规范有明显背离。总的来说，这种人格障碍的核心在于“违反规则”。

b. 表演型人格障碍。

属于人格违常的一种，简单来说就是一种主要特点为以过分感情用事或夸张言行来吸引他人关注的人格障碍。

特点（依据案例分析总结而来，有一定的或然性）有以下几点：

- 人格体愿意近距离地感受“自己表演”的结果，例如有的连环杀手喜欢重返现场，参与警方的破案过程；
- 本身境况不会太好，普通而平庸，但内心狂热，性格内向、孤僻；
- 人格体统计中，童年时缺乏父母的关注，甚至遭受虐待，被忽视的个体容易具有这种人格障碍。

c.表演型人格障碍与反社会型人格障碍的关系：潜在人格特质有相似的一面。

当普通的行为方式屡屡受挫，满足不了表演型人格体潜在的心理需求，那么寻求关注的诉求就很可能通过反社会人格的激发来表达。

笔者总结了遇到的案例中两者情况典型的两类关系：

● BTK类型。就像丹尼斯·雷德一样，两种人格一起爆发，而开膛手杰克也是这种类型。

● 诱发类型。有一类连环杀手表现出人格障碍的接力棒模式，一开始单纯地以杀人为乐，但随着犯罪心理结构逐渐稳固，作为连环杀手需要外在强化这一需求，以及发现警方迟迟破不了案带来的刺激感和成就感，可能把寻求关注、挑衅警方的标记加入犯罪行为中，出现“前期没有表现行为，后期却出现表现行为”的模式。

（2）以施虐淫癖为主体的（极端的）性欲倒错障碍

此案中能够体现这种人格障碍的行为有：对被害人的性虐待行为，对乳房的切割行为（性虐待、“纪念品”）。

拥有这种畸形心理的人，只有掺杂暴力、伤害甚至折磨的行为，才能满足其病态的性快感。一般就是通过对异性对象的残酷折磨、虐待等手段，使得其肉体和精神遭受严重痛苦，从给对方造成的痛苦中获得强烈的性快感。在本案中，杰克的行为属于比较严重的性施虐障碍。在杀害被害人之前，他都会有关键的犯罪惯技，即暴力殴打、虐待被害人。在被害人死亡后，对被害人的身体再次进行破坏也是极端性施虐障碍的标志。

（3）连环杀手的杀戮欲望+极端的控制欲和代偿泄愤情绪

在前文笔者讲过，连环杀手第一次杀戮是最危险、最惊悚的经历。第二次杀戮会变得很主动，但会像第一次一样不够专注，但是他会更加冷血地看待杀戮。以后的案件，往往会更加自信而具有完美主义倾向，暴力程度指数级飙升。

对于开膛手来说，他身上具有多数连环杀手都有的特点：

a.选择陌生人下手。

大多数连环杀手不是图财或者针对特定个人的报复，他们杀人只是为了获得畸形快感，所以在猎物的选择上，可能会针对某一类人或者没有针对性地随机选择。除了凯瑟琳案，开膛手选择的目标群体都是妓女。

从犯罪心理学的角度来解释，凶手选择被害人若是有一定的具体形象，那么这个形象可能是某个给凶手价值观带来颠覆的人，是形成其畸变心理的最初刺激源（代偿机制）。

b.作案特点具有部分行为连贯性（手法延续）。

c.周期性对杀戮上瘾，存在冷却期。

一旦开始杀人，就会发现自己对杀戮上瘾，便不顾一切地寻找下一个被害人，在冷却期回归正常的生活。在这期间犯罪人会承受难以想象的压力，他会失落、痛苦，这就导致他寻找新的猎物，再次作案。

d.暴力等级加速发展，导致“纪念品”出现。

e.“纪念品”是一种犯罪标记。

所谓犯罪标记，是指犯罪人为满足心理上或情感上的需要而实施的特殊行为，是一种犯罪人进行的多余行为，是帮自己做的，具有一定的连续性。

在第一案中没有出现“纪念品”行为，而后续案件出现的“尸体部分缺失”正是一种犯罪标记。开膛手对第一起案件加以基本的延续，暴力等级也在上升，上升的方式就是割下尸体的某部分带走并破坏尸体，这种强化快感的方式，在系列案件里几乎都会出现。

至于开膛手杀戮的代偿主体（形成其畸变心理的最初刺激源），笔者觉得有以下特点：失足妇女，酗酒，年龄在40至50岁，控制欲强，育有子女，家庭贫穷。综合来看，笔者倾向于认为这个代偿主体可能是开膛手的母系至亲。

四、“他到底是谁？”

关于开膛手杰克到底是谁这个问题，已经有很多种传闻和猜测，我们花了很长时间去寻找、浏览、翻译和查证大量的资料文献，结合排除法，笔者将范围缩小为以下两个人：阿尔伯特·维克多、华特·席格。

（1）阿尔伯特·维克多

和凶手的吻合度综合评估：★★★★

阿尔伯特是王室成员，维多利亚女王的长孙，从出生就得到了很好的王室待遇，也是公认的王室继承人，对他的怀疑源于以下几点：

- 为人孤僻、脆弱、敏感、神经质（维多利亚女王评价），经常出没于伦敦东区，在白教堂附近拥有大量房产；
- 患有二期梅毒，且很大可能是来自妓女；
- 受过良好的教育，师从著名外科医生肯尼斯·史蒂芬，学习过系统的医学知识；
- 其创作的诗词中有大量伤感、富有色情暴力色彩的内容；
- 在1889年遭到莫名的软禁，具体原因不详。

1889年突然被软禁是人们议论的焦点。一个主要的说法是王室内部发现了他的异常，因此将其控制起来。而1892年宣布其因为风寒去世了，这基本和开膛手停手的时间相吻合。

1894年，维斯盖尔爵士曾经在无意间透露，王室内部“不想让英国落到一个杀人犯和精神病手里，所以把他处理了”。这句话的出现让英国王室一时沦为众矢之的。

（2）华特·席格

和凶手的吻合度综合评估：★★★★★

一直以来，大家都认为凶手是个医生或者屠夫，原因是凶手很熟悉人体的结构。这没有问题，但是基本没人想到还有另一个职业的人也非常熟悉人体结构和构造——画家。

对于画家来说，熟悉人体以及弄清人体做不同动作的原理是必不可少的事情。但是如果要了解经络、骨骼、肌腱在各个动作时的状况，那么研究解剖学原理也是必不可少的——他们要知道每一根神经和每一块肌肉的连接反应。

华特是个画家，出生于慕尼黑，母亲是英国人，是个博学而有才华的艺术家。对华特展开调查的是美国著名的犯罪小说作家帕特丽夏·康薇尔。她为这个案件所做的工作让笔者十分敬佩，为了揭开这一案件的秘密，她不惜耗资600万美元，购买了华特的32幅油画，还买下了他的工作服、画笔、画桌以及绝大部分信件。

另外，她与专家们一起，数十次乘坐私人飞机前往英国和法国进行调查。在得到英国政府的同意之后，她还请有关专家对华特进行了DNA鉴定。他们仔细地检查了他的信件，用小刀轻轻刮开一些油画，并在他的工作服的腋窝和生殖器等部位取证，以求找到其DNA样本。

总结一下华特值得怀疑的地方：

- 具有遗传性的生殖器畸形以及尿道下裂，小时候就经历过很多次手术；
- 善于伪装，具有多重身份；
- 当过兵，对军方十分了解；
- 1888年9月19日晚上，警方收到的信件上有一个不起眼的红斑，这个红斑后经鉴定是红色颜料，据康薇尔查证，品牌和华特绘画的颜料一致，而且画笔也一致；
- 华特在英国的居住地就在伦敦东区，活跃在白教堂附近，另外他在法国也有房产，经常往返于两地。

华特早年的素描作品中有大量妇女被刺伤和捆绑的形象，中后期作品也有很阴暗的色彩。至于传播很广的DNA鉴定，笔者认为可信度不算高，因为当初的信件没有得到很好的保存，现场的DNA物证也没有采集，以致鉴定的难度非常高，准确度也很低，研究者普遍不对其抱太大的希望。

另外，相比阿尔伯特·维克多，让笔者倾向于认为华特可能性更大的原因在于他的经历，特别是两个经历：小时候曾遭受下体折磨，母亲畸形的爱。

华特所患的尿道缺陷需要进行非常痛苦的矫正手术，他在伦敦圣马可医院做第一次手术时才不到8岁，想象一下：一个小男孩，被绑在铁床上服从医生的命令，承受着针刺、刮除、撕扯等带来的痛苦。这种痛苦堪比强制阉割，会给孩子的身体和心理都留下创伤。

除此之外，华特还有先天性生殖器畸形。据康薇尔调查，华特的生殖器内陷让他的童年很不美好。很多知道这件事情的人侮辱他，就连他的父亲也会忍不住笑话他。

唯一的幸运之处是华特有一张好看的脸和一副挺拔的身材。他就像一件艺术品一般，身材修长，有完美的鼻梁、下巴、一头金发，特别是那双蓝色的眼睛，就像他隐秘的内心一般难以捉摸。

如果你以为华特的母亲对他很差，可能对其施加家庭暴力，那你就错了。华特的母亲爱莉对华特非常宠爱，但这种爱是畸形的。她经常说华特的生殖器“可爱”，而且给华特买的衣服都是小女孩的，这是因为他的母亲是双性恋，她对这个外表可人的孩子怀有不同于母爱的爱意。

这样的爱意在华特看来是一种性别怀疑，他很容易把母亲当作那些侮辱自己的人的帮凶，而且很容易把自己所受的罪全部算在母亲身上——毕竟是她给了他这一切。

还有一点，爱莉非常喜欢喝酒，至于酗酒之后做过什么，笔者没有查到具体的资料。另外，华特在中老年长期饱受中风之苦，只能靠轮椅行动，最后卧病在床很长时间，虽然不知道他具体的患病时间，但很容易和开膛手的突然收手联系起来。

这样具有关联性的经历和笔者的侧写结果相关性很高。这些经历在阿尔伯特身上没有看到，他的童年很正常，所以笔者个人更倾向于支持康薇尔的观点。华特 · 席格很有可能就是开膛手杰克。

10

阿拉楚阿—什里夫波特连环杀人案

阿拉楚阿县是美国佛罗里达州北部的一个县，一直以来，“气候适宜”“低犯罪率”“较低的生活成本”是这个地区的标签。正因为这样，县治盖恩斯维尔也吸引了大量外来的求学者和游客，这是一个经济发展迅速的地区。但在20世纪90年代初，这里陷入了混乱和恐慌——学校停课、满街都是巡逻待命的警察和管制交通的黄色警戒线。那么，到底是什么事，让这座美丽的城市陷入如此恐怖的氛围呢?

下面笔者会带你见证当时发生的一切。

一、罪案全貌概述

1. 第一案

1990年8月26日上午10点，县地方警察署接到一个父亲的求助，他在电话中说自己的女儿希尔 · 克里斯蒂娜已经失联两天了，自己早上去她的公寓无法打开房门，于是向警方求助。随后，警方来到位于佛罗里达大学城附近的公寓，帮助其打开房门。

打开门后的场景，让所有人冷汗直流。现场调查结果显示，警方对公寓大门等外围环境进行调查后，发现后门外锁有被撬过的痕迹，警方确信这就是凶手入室的地点。现场共发现两具尸体，经过确认分别是17岁的希尔 · 克里斯蒂娜和她19岁的合租好朋友索尼娅 · 拉尔森。

被发现时，两人均已死去至少50小时。拉尔森的尸体在床上被发现，她是在睡觉时遭遇偷袭而死，身中9刀，部分胸部被切割带走。凶手将其杀死后，拖到床边，摆出羞辱性姿势正对着房门。而克里斯蒂娜的尸体在另一个房间被找到，她遭遇了性侵和虐待，手腕上有被捆绑过的痕迹。克里斯蒂娜的直接死因是失血过多，死后，她的部分胸部被切割带走；经过进一步对尸体的检验，警方得知尸体被清洗过。综合伤口特点，警方推测凶器很可能是匕首一类的易携带单刃武器。

警察署立即组成专案小组，由于没有目击者，凶手又具备一定的反侦查能力，警方显得无从下手。1990年8月27日，县警察署开始向其他司法机构（包括FBI）请求援助。

2.第二案

1990年8月28日早晨，斯威特报社的副社长基斯·欧普拉发现21岁的文公部职员黛安娜·霍伊特已经三天没来上班了，打电话也没人接，于是去她家找她。敲门无人应答，正在要离开时，他看到公寓软式百叶窗一侧被人为破坏掀开了，走过去一看，顿时被吓呆了。

震惊之余，他立刻报了警，警方随即进行了现场调查。结果如下：死者为黛安娜·霍伊特。死者死前遭遇了性侵和至少一小时的虐待，手腕有被捆绑的痕迹。死者全身多处刀伤，其中致命伤为背部的一刀，胸部部分被切割带走，尸体被清洗过；死者死后被割去头颅，并被摆放成羞辱性姿势。死者住处的门锁有被撬过的痕迹。

警方从伤口特征分析，这起案件的凶器和上一起案件的凶器应该属于同一类型的刀，结合作案手法的相似性，警方将两起案件串并调查。佛罗里达当局及联邦政府召开紧急会议，一时间，对案件的调查进入高潮，但仍然没有突破口和明确的思路。他们发现，死者之间除了性别外，几乎没有相似点。

1990年9月2日，地方警局召开了新闻发布会，提醒市民注意自身安全，加固住所门窗锁。但警告，还是来得有点晚了。

3. 第三案

1990年9月3日，喀特伍德公寓经理接到一个叫布朗 · 莱特的人打的电话，他自称是一号公寓租客杰顿 · 曼尼的朋友。杰顿 · 曼尼和他的合租朋友特雷西 · 宝莱斯就住在这个公寓，但他们这几天都失联了。经理同意让他进入房间，但一开门，就是让人吃惊的一幕：特雷西被摆放成羞辱性姿势，仰面而躺，且已经死了。

报警后，警方迅速赶来调查了现场。调查结果如下：公寓仓库直接和住宅的杂物室相连，而仓库后面的玻璃大窗上的锁被人为破坏了，警方认为凶手就是从这里进入室内的。住宅内共发现两具尸体，经确认为22岁的杰顿 · 曼尼和20岁的特雷西 · 宝莱斯。

警方发现，宝莱斯死前遭遇了性侵和虐待。宝莱斯的尸体被清洗过，警方进行血痕鉴定后，发现在曼尼的房间和宝莱斯的房间里有很明显的拖擦状血痕显色。宝莱斯身中数刀，部分胸部被切割带走，致命伤是胸口的一刀。

曼尼的尸体在其房间床上被发现，凶手趁其睡觉时进行袭击，曼尼的手上有自卫伤，可以看出他曾奋力反抗，但最终因失血过多而失去自保能力；曼尼死后，凶手将其尸体摆放为“半倚在床头”的姿势。最初看到尸体的人是公寓经理和布朗·莱特，他们都说最初看到尸体时，旁边有一个黑色手提袋，但警方进入房间时，手提袋不见了。

本案综合分析：曼尼是一个非常强壮的年轻人，身高1.9米，肌肉健硕。根据“先强后弱”的自我保护顺序，结合相关拖擦血痕分析，我们可以做出简易的犯罪现场重建。深夜，凶手从仓库进入死者住宅（或许早就偷偷进入过），先进入曼尼的房间将其杀死，随后将他“扶起”倚坐床头。然后，凶手去了宝莱斯的房间，用暴力胁迫的手段捆绑了宝莱斯，捅了她几刀后，将她拖到曼尼的房间进行施暴。接着，凶手将宝莱斯杀死，割下部分胸部带走，尸体被拖到大厅门口，摆出具有羞辱意味的姿势，留下了黑色手提袋。最后，凶手留在了公寓旁边，他一直在暗自观察一切，当有人发现尸体，看到手提袋并报警后，在警察到达的前一秒，他拿走手提袋，在警察眼皮子底下从后门溜走。毫无疑问，这是最能满足他欲望的作案手段。

这个案件让整个城市人心惶惶，即使到处都是警察，也不能保证下一宗案件不再发生。停车位上停满了警车以搜查嫌疑犯，没有人有安全感，晚上人们都轮流睡觉以免遭到袭击。

4. 第四案

1990年9月24日，路易斯安那州什里夫波特的一个送报工加布里尔经历了一件非常恐怖的事情。这天下午，他和往常一样去朱莉太太家送报，他送报纸已经三年了。因为朱莉太太的丈夫杰顿 · 克里斯托弗热爱看各种体育娱乐报，所以他几乎每周都去给杰顿送一两次报纸。一来二去两人很熟悉了，甚至在一些节日，加布里尔也会和这家人一起过。这天，他像往常一样敲门却没人应答，这种事以前也有过，他就把报纸放在窗户的旁栏里，当他从窗户看过去的一瞬间，他看到了被摆放成羞辱姿势的朱莉太太。

路易斯安那警方赶到后，开门对现场进行了仔细调查，得到的结论整理如下：住宅后门锁被人为强行破坏，判断是凶手进入点。警方共发现三具尸体，经确认分别是丈夫杰顿 · 克里斯托弗（42岁）、妻子唐 · 朱莉（38岁）以及两人的儿子洛根 · 克里斯托弗（11岁），一家三口，惨遭灭门。杰顿和洛根的尸体都在卧室床上，杰顿死于午休时的袭击，没有明显反抗伤，胸部中两刀，其中一刀是致命伤。朱莉的尸体被摆放在客厅沙发上，有被捆绑的痕迹，死前遭遇了性侵和至少一小时的虐待，最终死于失血过多引起的休克。

最值得注意的是小儿子洛根，警方到达后他尚存一丝气息，但没有抢救回来，主要死因是颅内出血和失血过多，同时，他的手上也有被捆绑的痕迹。洛根和杰顿在同一间卧室休息，朱莉在隔壁一间卧室看书，两个卧室和客厅陈尸点之间有血痕反应。厨房里还有烧好的水，根据实时水温冷却程度，警方的结论是水不可能是死者烧的。水壶旁边有两个杯子，还准备了两包咖啡。

本案综合分析：我们结合以上信息重建一下现场，首先要提一点，杰顿是一个残疾人，有一条腿截了肢。也就是说，这也许是凶手选择中午作案的原因之一——就算他们不在午休，他自信也可以将杰顿打败。

中午时分，杰顿和洛根在午休，朱莉在卧室看书。凶手从后门潜入，先将杰顿杀死，洛根受惊大叫，被凶手扎了几刀，失去了行动力。隔壁的朱莉听到喊叫声，刚要出来就被凶手冲入房间制伏。凶手将她拖到其家人面前，并对其施暴，从而获得最大化的快速。

做完一切后，凶手将朱莉的尸体进行了清洗，拖到沙发上进行摆放。随后，他要做的只是等，他烧了一壶水，准备了咖啡。那么，这是为谁准备的？当然是自己和目睹了一切的洛根。他真的想和他好好“聊会儿天”，问问他到底是个什么样的感受。

这时候，他没料到，他等的人来得这么早，敲门声早得不在他的计划之内。一听到敲门声，洛根开始大喊“救命”，凶手有点不耐烦了。他杀了洛根后，从后门离开了现场。

什里夫波特警方被这样的犯罪现场震惊了，他们几乎没有处理过这样的案件。两天后，他们向FBI求助。已经被阿拉楚阿连环杀人案折腾得够呛的FBI，决定分一个小组去协助调查，但具体一看案件信息，他们产生一种诡异的似曾相识的感觉。于是，经过三天协商，专案组决定将其纳入发生在阿拉楚阿的案件中，两个州的案件合并调查。

5. 难逃法网

1990年10月4日，什里夫波特警方接到一个报警电话，报警人称自己的儿子是个抢劫犯，昨晚醉酒后对他进行了暴力殴打，他儿子还说出了自己参与很多起抢劫案的事情。

警方按照报警人的提示审讯了他37岁的儿子丹尼·罗林，警方拿出了最近相关抢劫案的证物，罗林很配合地接受了审讯，承认了其中两起抢劫案。同时，他的指纹、DNA信息也被警方以暴力犯罪类型录入了统计系统，谁承想，这几乎成了系列杀人案破案的关键。

1990年11月，FBI给出了对阿拉楚阿系列杀人案和什里夫波特灭门案的侧写建议分析结果，在加入最后一项“凶手具有什里夫波特地区犯罪前科，是本地人”这个条件后，警方的调查对象缩小到了4人：丹尼·罗林、约翰·马丁内兹、斯洛克·泰勒、泰森·奥特姆。

这份名单中的后两人还在狱中，没有作案时间，所以警方决定从刚被捕的丹尼·罗林开始调查。这个时候，DNA的检验刚开始运用在美国的刑事司法鉴定中。这几个案件中，虽然凶手有一定的反侦查能力，清洗了作案痕迹，但警方还是在几个现场提取到了少量精斑。于是，警方用丹尼·罗林的DNA样本和系列杀人案中采集到的精液进行了同一性鉴定，得到的分析结果是：完全符合。

随后，什里夫波特警方对丹尼·罗林的住宅和车辆进行了搜查，收获颇丰。警方在其仓库内找到一件带血的衬衫，经检验，血迹来自三个人，即第四案中的三名被害人。在书橱中找到三把单刃尖刀，符合系列案件被害人伤口特征，其中两把被仔细清洗过，但血痕检测有反应，另一把还带有血迹，鉴定后确认沾有第四案中唐·朱莉的血迹。在鞋柜中找到一双侧面沾有飞溅状血迹的鞋，血迹来自被害人杰顿·克里斯托弗。

这些证据几乎可以确认丹尼·罗林的犯罪事实，对他的审讯进行得也很顺利，丹尼以一种非常傲慢的语气向警方讲述了他所做的一切。特别是在审讯结束，即将进牢房之前，他说道："要不是家里那个该死的老头，你们一百年也不要想找到我，我还想杀八个人。"

在狱中，以警方无能为理由，丹尼拒绝直接和警方谈话，警方需要通过他的一个狱友才能和他进行间接谈话，他俨然将狱友当作了他的"传话筒"。

最终，系列案件审判日定在了1993年9月1日。1994年4月20日，丹尼·罗林被判处死刑。2006年10月25日，丹尼·罗林被正式执行注射死刑。

可以看出，FBI科学的数据统计和分析对本案的侦破起到了至关重要的作用。

二、犯罪心理简要分析

1.犯罪心理成分分析

丹尼·罗林的主要犯罪心理成分=（极端的）性欲倒错障碍+

反社会人格障碍+连环杀手的杀戮欲望+表演型人格障碍+极端的控制欲。

2. 详解

（1）暴力的内在和极端的控制欲来自不幸的童年

1956年4月27日，丹尼·罗林出生在路易斯安那州东南部城市什里夫波特郊外的一个农村家庭。他的父亲是当地的巡警，母亲没有工作，家里虽然就他一个孩子，但经济上还是十分窘迫。据丹尼所言，父亲最喜欢喝酒，喝了酒就打他和母亲，还经常用恶毒的言语“从精神上羞辱”丹尼。

从小学开始，丹尼就是学校老师头疼的对象，学习成绩不好，经常惹是生非，打架、偷窃。1966年夏天，丹尼放火烧了邻居家的草垛，结果火势蔓延到整个房屋和周围的树林。10岁的丹尼做出这样的事，让身为巡警的父亲勃然大怒，还差点害父亲丢了饭碗。因为无力赔偿，丹尼家里的农地不得不转让给了邻居。

1968年，或许是因为看不到生活的希望，丹尼的母亲离开了这个家庭，这让丹尼有了一种被抛弃的感觉。这一年，丹尼因为五次入室盗窃被送到当地法院保护观察机构进行管理和监督。1976年，丹尼终于得到了高中毕业证，没有考上大学的他在叔叔的推荐下到了佛罗里达州蒂图斯维尔一个大型海鲜市场做搬运工。

1984年，丹尼认识了比自己小一岁的劳伦，她是丹尼所租房子房主的女儿，两人恋爱了。1986年，丹尼向劳伦求婚被拒。1995年的一次谈话时，丹尼称劳伦和蒂图斯维尔市的一个市政高官好上了，所以抛弃了自己。而2001年，劳伦谈起这件事时否认了这一点，她说自己是因为“无法忍受丹尼，每天都担心他会进监狱”才选择离开的。

或许是为情所伤，这件事后，丹尼选择了离开蒂图斯维尔，他开始在佛罗里达州到处求职。他在蓬塔戈尔达当过洗碗工，在因弗内斯当过油漆工，在彭萨科拉当过保安，反正都干不长久。1989年，他来到了阿拉楚阿县的盖恩斯维尔，找到了一份出租车司机的工作，这次一干就是几年。

1990年，就像上面说的，他在盖恩斯维尔实施了三起杀人案，因为警察的调查力度太大，丹尼嗅到了危险的味道。因此，他回到了家乡，回家两周后就实施了第四案。

10月4日这天，丹尼参与了一起抢劫，但同伙竟然将钱全部拿走了，丹尼喝了很多酒，回家后，丹尼在醉酒状态下殴打了自己的老父亲，还“吐”出了自己参与多起抢劫案的真言。气疯了的丹尼父亲趁他酣睡之时报了警，没想到居然牵出了连环命案的真凶。

连环杀手畸形的暴力内在的来源很多元，但遭受家庭暴力这一点，无疑是关联性很大的。回头看看这整宗系列杀人案，几乎到处都可以看到丹尼·罗林对于控制欲的渴望。这种极端的控制欲，究竟是如何产生的呢？

丹尼对控制欲追求的根源是其自身控制欲的匮乏和不自信。说直白一点，很大可能是源于两次被抛弃的过程：年幼时，被母亲抛弃；而立之年，被女友抛弃。或许正是被抛弃，让丹尼感受到自己的渺小和控制欲的匮乏，从而通过疯狂的手段去满足这种膨胀的欲望。

（2）以施虐淫癖为主体的（极端的）性欲倒错障碍

很多施虐淫癖的典型行为都在丹尼的身上出现了。

（3）典型的反社会人格障碍

反社会人格障碍的发展特点可以从一个人童年和青春期的严重不端行为中看到，就像丹尼一样，他从小就乐此不疲地违反法律，偷砸抢烧什么都做，严重程度也不断加深，没有任何悔意。哪怕是在系列杀人案中，他的行为也处处透露着对执法者的蔑视。

（4）表演型人格障碍

把丹尼的一次次犯罪过程说成是他的一场场“表演”毫不

为过，他对案发现场的种种布置，更多的是为了让目击者受到震撼，在他看来，这样才能让他显得充满力量。

丹尼是一个完整的“反社会—表演”人格障碍体，且两种人格障碍成分的程度都很严重，这种类型的凶手的犯罪现场“充满想象力”，因为他的所作所为都是给别人看的。

（5）连环杀手的杀戮欲望

准确地说，直到丹尼被捕，他的杀戮欲望都没有达到最大化，他的手法刚刚结束“探寻”阶段，即将固化。也就是说，可以理解为丹尼作为一个连环杀手，还没有进化到杀戮的最大化渴求程度就被抓获了，他更加渴望自己其他的（如性欲倒错、反社会—表演等）畸形欲求先得到满足。虽然如此，我们也不能否认，对杀戮的渴望也是他犯罪心理结构中最重要的原始驱动力之一。

图书在版编目（CIP）数据

重案辑录．正午之魇 / 梵闻三千著．—北京：中国法制出版社，2021.7

ISBN 978-7-5216-1836-5

Ⅰ．①重…　Ⅱ．①梵…　Ⅲ．①刑事侦察—案例—汇编—世界　Ⅳ．① D918

中国版本图书馆 CIP 数据核字（2021）第 072998 号

策划编辑：陈晓冉（chenxiaoran 2003@126.com）
责任编辑：周熔希　　封面设计：汪要军

重案辑录．正午之魇
ZHONG'AN JILU. ZHENGWU ZHI YAN

著者 / 梵闻三千
经销 / 新华书店
印刷 / 三河市紫恒印装有限公司
开本 / 880 毫米 ×1230 毫米　32 开　　印张 / 7　字数 / 118 千
版次 / 2021 年 7 月第 1 版　　2021 年 7 月第 1 次印刷

中国法制出版社出版
书号 ISBN 978-7-5216-1836-5　　定价：39.80 元

北京西单横二条 2 号　邮政编码 100031　　传真：010-66031119
网址：http://www.zgfzs.com　　**编辑部电话：010-66038703**
市场营销部电话：010-66033393　　**邮购部电话：010-66033288**
（如有印装质量问题，请与本社印务部联系调换。电话：010-66032926）